Ursula Kühnemann

Basteleien

rund um die

Weihnachtszeit

Frech-Verlag Stuttgart

Alle Jahre wieder kommt die Zeit der vielen Vorbereitungen für das schönste Fest des Jahres. Die erste brennende Kerze, der erste Tannenzweig bringen schon ein bißchen Adventsstimmung. Genießen wir diese Stunden. Lassen wir die Wogen der Geschäftigkeit an uns abprallen. Nutzen wir die langen Winterabende um Weihnachtliches zu basteln. Werkeln wir im Kreise der ganzen Familie, mit Kindern, mit netten Menschen. Schaffen wir kleine Kostbarkeiten in Erwartung des Christfestes. Bringen wir damit Freude den Alten, den Einsamen, den Kranken. Hüllen wir unser Heim in weihnachtlichen Glanz. Zieren wir die Tische zu besinnlichem Zusammensein.

Wie schön sind die alten Bräuche, die Räume mit allerlei Symbolen zu schmücken. Es sind alles Symbole! Hinter unserem Advent- und Weihnachtsschmuck verbergen sich uralte Zeichen. Viele sind heidnischen Ursprungs, vom Christentum übernommen und mit neuem Glauben erfüllt. Einige sind Gleichnisse aus frühchristlicher Zeit. Doch wer weiß noch um ihren Sinngehalt? Nur ein Beispiel sei hier angeführt: Wir ergötzen uns an einer leckeren Vielfalt von traditionellem Weihnachtsgebäck. Die mit einer dicken Zuckerglasur bedeckten „Pflastersteine" gehören unbedingt dazu. Sie sollen an den Heiligen Stephanus, einem Vorläufer des Apostels Paulus, in Jerusalem erinnern, dem ersten Märtyrer. Er wurde gesteinigt. Das Gebäck soll verdeutlichen, daß für den Gläubigen auch das Härteste süß ist.

In diesem Buch ist eine Fülle adventlichen und weihnachtlichen Zierats zu finden, etliches Bekanntes, um es an die nächste Generation weiterzugeben, aber auch viel Neues, das unserer Zeit entspricht. Auch der geistige Hintergrund wird erläutert. Sinnlose Dekorationen, die nur originell sein sollen, gehören nicht in die Weihnachtszeit.

Natürlich kann man alles in perfektionierter Schönheit kaufen, doch wieviel mehr Zauber strahlen die kleinen Prachtstücke aus, wenn sie aus eigener Hand entstanden sind, auch wenn nicht ganz makellos – oder gerade dann.

Alle folgend gezeigten Schöpfungen sind einfach nachzuarbeiten für den, der nicht gerade zwei linke Hände hat. Muster und Maße sind textlich und zeichnerisch erklärt. Motive und Schnitte finden sich auf einem Extrabogen. Wobei – wie in allen meinen Büchern – bemerkt sein soll, daß es nicht um exaktes Nacharbeiten geht, sondern Anregung sein soll zu Eigenem. Dann erst erhält es seine persönliche Note und die Bedeutung der Einmaligkeit.

Sehr großen Wert habe ich bei allen Ideen darauf gelegt, möglichst Dauerhaftes zu gestalten. Es soll Jahr für Jahr wieder erfreuen. Von dem die Kinder, wenn sie einst selber Kinder haben werden, einmal sagen: „das gehört einfach zu Weihnachten". Und das ist dann der schönste Christschmuck.

Ursula Kühnemann

ISBN 3-7724-0445-6 · Best.-Nr. 731

Auflage:	9.	8.	7.	Letzte Zahlen
Jahr:	1987	86	85	maßgebend

frech-verlag
GmbH + Co. Druck KG Stuttgart
Fotos: Helga Schulz
Druck: Frech, Stuttgart

Inhaltsverzeichnis

Die mit einem * gekennzeichneten Ideen sind auf den Musterbogen als Entwürfe zu finden.

Adventskalender

Es gibt sie in jedem Jahr neu, immer prächtiger, immer origineller. Doch die Spannung ist schnell verflogen, wenn sich hinter den winzigen Türchen nur bunte Bildchen verbergen. Wie groß aber ist die Freude, wenn jeden Morgen ein Päckchen geöffnet werden darf, worin sich ein winziges Püppchen oder Auto, ein Bleistiftspitzer, eine japanische Blumenmuschel oder eine Süßigkeit versteckte. Keine richtigen Geschenke sollen es sein, nur Kleinigkeiten, die ein Kinderherz erfreuen. Alle Sächelchen werden in buntes Papier verpackt, mit Goldkordel oder Seidenband verschnürt und an lange Wollfäden geknotet. Die einfachste Art ist nun, alle Päckchen auf eine Schnur zu reihen und diese über eine Zimmerecke zu spannen.

Auch ein Adventsbäumchen ist aus einem mit Erde gefüllten Blumentopf, Rundstäben, rotem Seidenband, Goldsternen und Tannengrün schnell gebastelt. Noch schöner und Jahr für Jahr wieder erfreuend ist natürlich der applizierte Engel, der die Köstlichkeiten in seiner Schürze birgt. Jeden Morgen darf ein Goldfolienstern mit dem entsprechenden Datum gezogen werden und damit die Überraschung des Tages. Ob der Engel, als Wandbehang das Kinderzimmer schmückend, nun so aussieht oder anders, bleibt der Phantasie der Schöpferin überlassen. Stoffreste, Litzen, Spitzen, Garn und Wolle finden sich schnell und ob nun mit der Maschine auf den Untergrund umkantet oder per Hand mit Schlingenstichen befestigt – an ein, zwei Abenden ist das Kunstwerk fertig. Aufgehängt wird es an einer Kordel, die an den oben durchzogenen, haltgebenden Stab geknotet wird. Ich habe zwei Metallösen in die Stabenden geschraubt, damit die Kordel den Stoff nicht zusammenzieht.

24
11
7
22
2
8
10
19
16
23
18
14
21
3
6
9
5
15
20
1
12
13
4

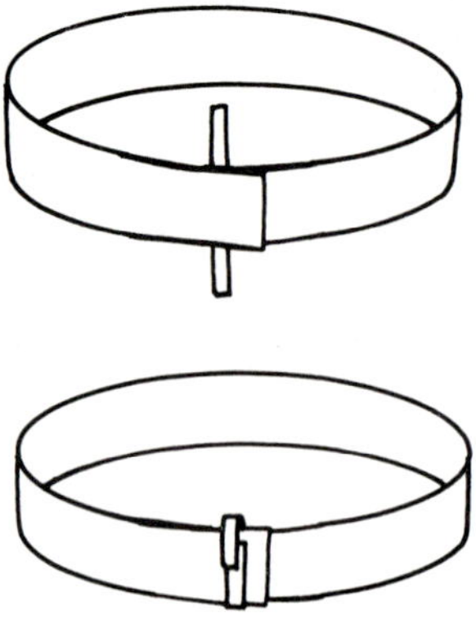

Adventskranz*

Der schöne Brauch, in der Adventszeit einen Kranz mit Kerzen aufzuhängen, geht auf den Hamburger Bürger Johann Heinrich Wichern, dem Gründer des Armenhauses „Rauhes Haus" zurück. Wie die Chronik berichtet, soll an den Adventtagen des Jahres 1860 der erste im Versammlungssaal geleuchtet haben. Von da aus verbreitete sich die schöne Sitte rasch über Nord- und Süddeutschland. Um das Jahr 1900 war sie in fast jeder Familie anzutreffen. Allerdings wurde aus dem Kronleuchter ein Tannenkranz, aus vielen Kerzen für jeden Sonntag eine. Heute verzichten viele auf die Tannen, die in gutgeheizten Räumen so schnell nadeln, und wählen z.B. einen Strohkranz, den es in Hobbygeschäften und Kaufhäusern gibt. Geschmückt ist der hier gezeigte mit vier Kerzen – natürlich – rotem Seidenband und einem ganzen Bauernhof aus Schmelzgranulat, dazu Sonne, Mond und Sterne in der Mitte. Die Figuren werden aus 1 cm breiten Metallfolienstreifen geformt. Die Streifen schneiden wir aus einem Bogen Folie (21x29,5 cm groß). Verbunden werden sie wie die Zeichnung zeigt. Die Formen werden auf ein Kuchenblech gesetzt, mit farbigen Granulaten etwa ½ cm gefüllt und im vorgeheizten Backofen bei 200 Grad 8 bis 10 Minuten geschmolzen. Erkaltet werden sie aus der Form gedrückt, so daß die Form für eine weitere Füllung erhalten bleibt. Die scharfen Ränder können mit einer Zange vorsichtig abgebrochen werden. Über einer Gasflamme oder mit Hilfe eines Gasfeuerzeuges werden alle Ränder kurz glattgebrannt. Löcher zum Aufhängen werden mit einem rotglühend erhitzten Nagel, den wir mit einer Zange halten, durchstochen. Jeweils zwei Figuren, an einen langen Silberfaden geknotet, werden über den Kranz gehängt. Alle Figuren sind auf dem Musterbogen.

Weil dieser Bauernhof, am Adventskranz oder zu einem Mobile vereint, auch ein wunderschönes Geschenk ist, backen wir ihn gleich noch einmal. Vielleicht diesmal nur in farblosen Granulaten, die wir mit Transparentfarben bemalen. Siehe Glasmalerei, Seite 32.

Weihnachtssterne in Filz

Die prächtige Topf- oder Schnittblume begeistert uns zur Weihnachtszeit immer wieder mit ihren intensiv roten, rosa oder weißen Blattsternen. Der Gärtner nennt sie „Poinsettie“ nach ihrem Entdecker Dr. Poinsett, der sie 1828 in Mexiko fand. Mit ihrem lateinischen Namen heißt sie „Euphorbia pulcherrima“. Sicher steht dieses Wolfsmilchgewächs auf Ihrer Fensterbank, doch die roten Sterne – es sind keine Blüten (die sind ganz unscheinbar), sondern Hochblätter oder Brakteen – für einen Tischschmuck abzuschneiden wäre viel zu schade. Darum arbeiten wir sie aus Filz, legen sie auf Streifen Tannengrün oder verteilen sie auf eine grüne Tischdecke zu weißem Geschirr. Wir brauchen dazu: roten Filz, vielleicht auch rosa, hellrot und dunkelrot, ein Päckchen kleine gelbe Holzperlen, ein Strang rotes Perlgarn, ein Stückchen Pappe. Aus der Pappe schneiden wir ein Blatt, das wir als Vorlage für viele, viele Filzblätter benutzen. Sieben Blätter brauchen wir für einen Weihnachtsstern, die wir immer abwechselnd mit einer Holzperle auf einen Faden ziehen, den wir auf der Rückseite fest verknoten. Noch reizvoller als nur rote finde ich die in verschiedenen Rottönen gearbeiteten Weihnachtssterne. Ein Tip: Sie sind problemlose Mitbringsel oder Geschenkanhänger, weil nicht zerbrechlich.

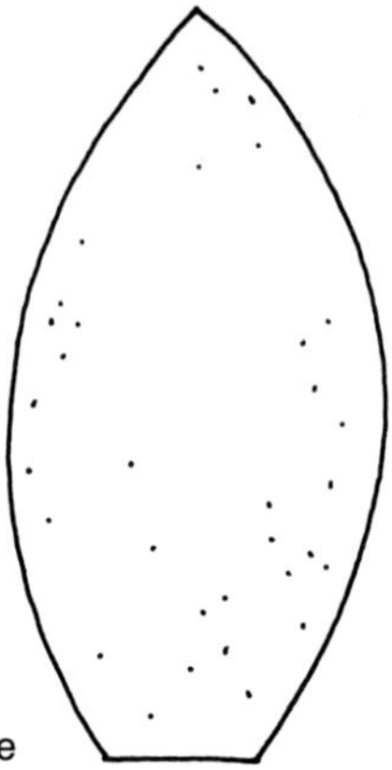

Originalgröße

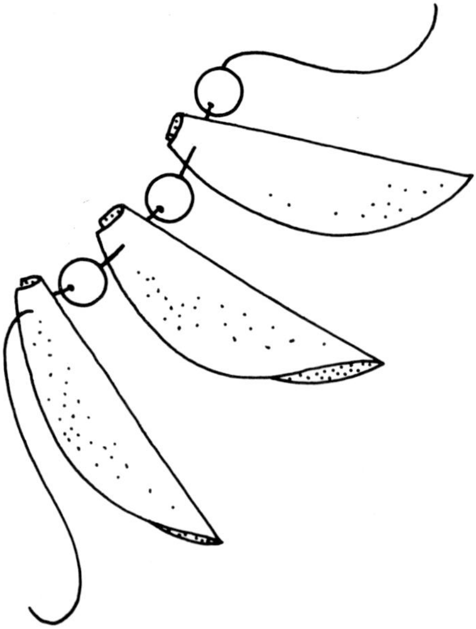

Barbarazweige

Der 4. Dezember ist der Tag der Heiligen Jungfrau Barbara, vor deren Gebet Türme und Mauern eingestürzt sein sollen, um ihr den Weg zum Gottesdienst zu bahnen, den ihr der heidnische Vater verweigerte. Nun schneiden wir einen Kirsch-, Apfel- oder Birnenzweig schräg vom Stamm, stellen ihn ins Wasser, das wir täglich erneuern, die ersten Tage in einen ungeheizten, dann in einen geheizten Raum. In der Wärme schwellen die Knospen und erblühen um Weihnachten. Sie sollen an den Sproß aus der „Wurzel Jesse“ erinnern. Diese blühenden Zweige wurden früher als Orakel benutzt. Man glaubte, Verborgenes sehen zu können, wenn sie zur Mitternachtsmesse mitgenommen wurden. Liebenden waren sie von großer Vorbedeutung.

Christrosen aus Tauchlack

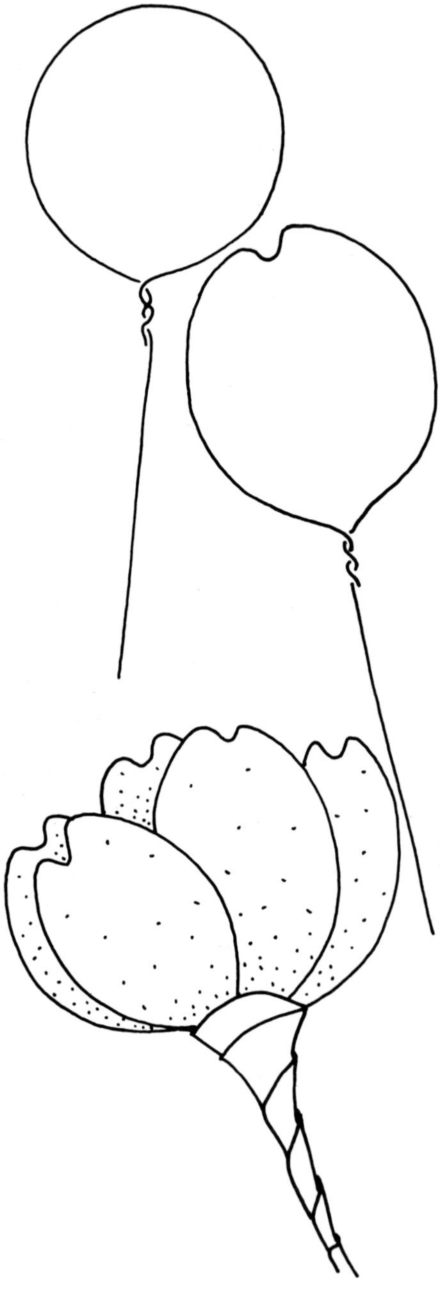

Den zarten Christrosen, die in einer flachen Schale ihre weißen Kelche vor dunklem Tannengrün darbieten, entströmt kein Duft. Wie sollte auch, sind sie doch nicht im winterkahlen Garten erblüht, sondern aus eigener Hand entstanden. Wie, wird folgend erklärt. Doch auch die echten Christrosen („Helleborus niger“ ist ihr lateinischer Name) umgibt kein Wohlgeruch. Schon seit Jahrtausenden wurde diese Pflanze mit den immergrünen Blättern in Ehren gehalten. In der Antike streute man Christrosen auf den Boden, um die Häuser zu heiligen und das Vieh zu segnen. Sie wird als Heilkraut schon in dem ersten Gartenratgeber, den Karl der Große um das Jahr 800 für seine Hofgüter schreiben ließ, lobend erwähnt.

Wir brauchen an Material: eine Dose weißen Tauchlack, eine Tüte gelbe Staubgefäße, eine Packung Silberdraht, 0,4 bis 0,6 mm stark (es kann auch jeder andere Draht sein), eine Rolle grünes Floristenband, eine Rolle oder Pillenröhrchen von ca. 3,4 cm Durchmesser und eine Styroporplatte, 2 cm dick, ca. 10 x 20 cm groß (gibt es in Baustoffhandlungen). Den Draht schneiden wir mit einer Kneifzange oder einem Seitenschneider auf 18 cm Länge, biegen ihn über dem Röhrchen rund und verbinden ihn. Mit einer Zange drücken wir eine Kerbe in das Blütenblatt. Den Tauchlack rühren wir gut um, bevor wir Blütenblatt für Blütenblatt eintauchen, das Zuviel abtropfen lassen, vorsichtig am Rand abstreichen und auf die Styroporplatte zum Trocknen stecken. Nach einer guten Stunde formen wir fünf Blütenblätter mit 7 bis 8 Staubgefäßen mit Hilfe des Floristenbandes zu einer Blume. So entsteht eine Christrose nach der anderen.

Festlicher Tischleuchter

Seit jeher ist Weihnachten als Lichtfest begangen worden. Ob das Chanukkah des Judentums, der Helios der Griechen, der Sol invictus der Römer, der Baldur der Germanen, bis hin zu den Göttern des Fernen Ostens und Mittelamerikas – sie alle bezeugen den gleichen Glauben an die heilbringende Kraft des Lichtes, die segnende Macht der Sonne. Im Christentum zieht sich der Lichtgedanke vom Schöpfungswort „Es werde Licht" bis zu Jesus Christus dem „Licht der Welt". Das lebendige Licht der Kerze soll uns erfreuen in der Weihnachtszeit, zum Nachdenken und zur Sammlung einladen. Schmücken wir also den Tisch mit Kerzen – geben wir den Kerzen einen schmückenden Rahmen.

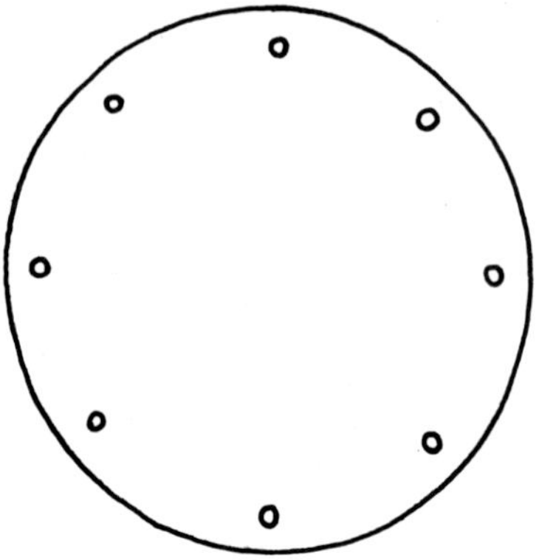

Für den Tischleuchter brauchen wir: eine runde Holzplatte, ca. 22 cm Durchmesser (aus Sperrholz sägen oder fertig kaufen), 2 m Rundholzstäbe, 0,6 cm Durchmesser, Holzleim, weiße Grundierfarbe, Silberfarbe, ca. 4 m Silbergirlande, 24 kleine Silberkugeln, weißen Faden, einen kleinen Teller und eine dicke, rote Kerze.

So wird er gemacht: Auf der Holzplatte 8 Punkte, je 2 cm vom Rand entfernt, markieren. Löcher bohren in 5 mm Durchmesser. Rundholzstäbe von je 25 cm Länge zusägen. Stäbe oben glattschmirgeln, unten mit einem Messer etwas anspitzen. Holzleim in die Löcher füllen, Stäbe einsetzen. Holzplatte und Stäbe weiß grundieren. Nach dem Trocknen mit Silberfarbe bemalen. Silbergirlande in vier Stränge teilen. Jeden Strang um die Stäbe schlingen. Kugeln anbinden. Die Kerze auf dem Tellerchen in die Mitte stellen.

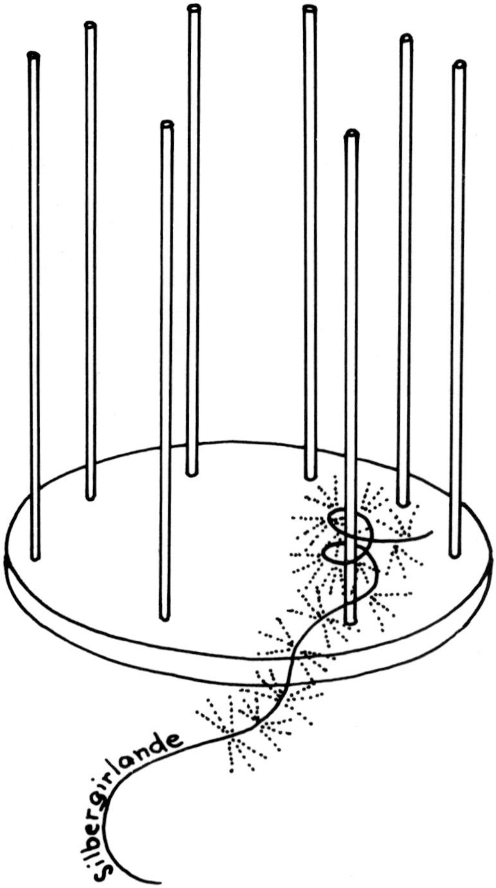

Klausenbaum

Der uralte, rheinische Klausenbaum, welcher längst auch in anderen deutschen Landen bekannt und beliebt ist, stand Pate bei diesem aparten Tischschmuck. Früher war ihm eine nur kurze Lebensdauer beschieden, denn die Äpfel schrumpften schnell und die Stäbe verloren ihren Halt. Heute gibt es rotbackige Styroporäpfel, die den Klausenbaum zu einer Dekoration für viele Jahre werden lassen.
Wir brauchen: 7 Styroporäpfel, 9 Schaschlikspieße, 7 Kerzen, Nüsse, Stahlstifte, Spezialkleber für Styropor, Goldfarbe, Goldgarn, Metallfolie. Die Holzstäbe werden in folgende Maße geteilt: 3 x 16,5 cm, 6 x 10 cm, 3 x 8,5 cm Länge.
Die Hölzchen mit einem scharfen Messer oder mit einem Bleistiftanspitzer an den Enden zuspitzen. Hölzchen, Nüsse und Kerzen vergolden. Mit einem Milchdosendorn oder einem Nagel Löcher in die Äpfel stechen. Vorher bemessen. Um jede Holzspitze ein wenig Klebstoff geben, bevor sie in den Apfel gesteckt wird. Zuerst die Längshölzer einstecken. Drei in den obersten Apfel stecken. Dann die mittleren Querhölzer einstecken, zuletzt die unteren. Den Aufhängedraht des obersten Apfels auf ca. 1 cm abzwicken, zu einer Öse biegen, um eine Nuß daran aufhängen zu können. Die Drähte der mittleren Äpfel ganz abzwicken. Die Drähte der untersten Äpfel auf ca. 2 cm abzwicken – auf ihnen steht der Klausenbaum. Es hat den Vorteil, daß mit ihnen die Standfestigkeit reguliert werden kann. Erwärmte Stahlstifte in die Kerzen drücken, auf Metallfolientellerchen in die Äpfel stecken. Vergoldete Nüsse an die Querstäbe hängen.
Zum Foto: Aus Gründen der Verdeutlichung wurden die zwei hinteren Kerzen vorübergehend entfernt.

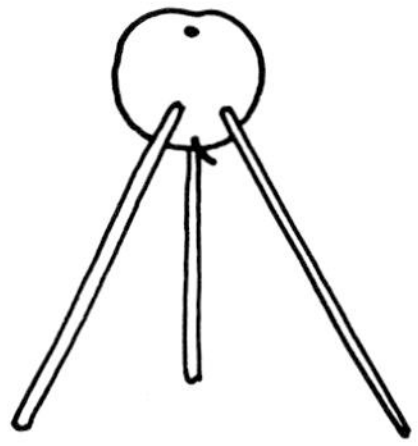

1

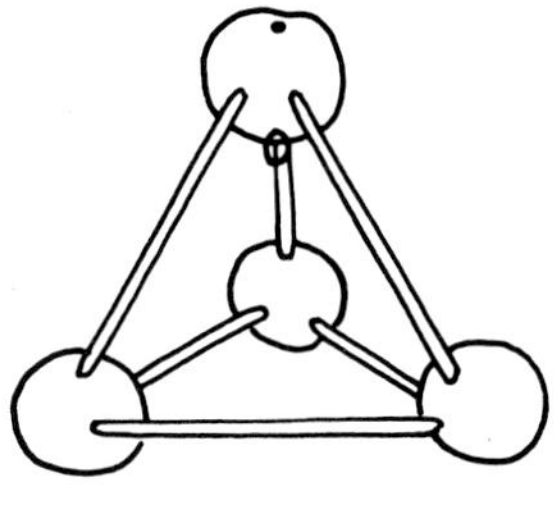

2

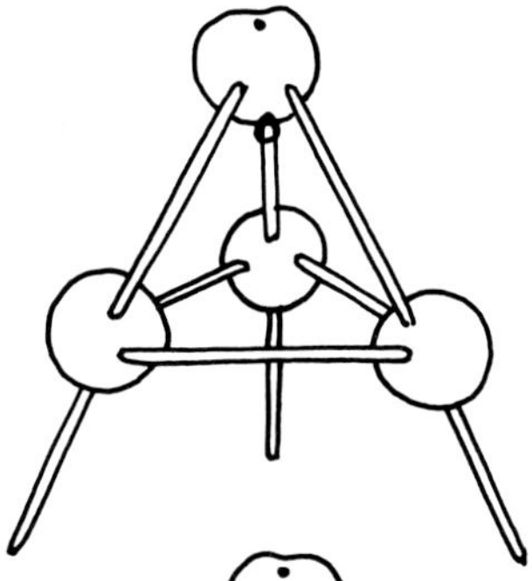

3

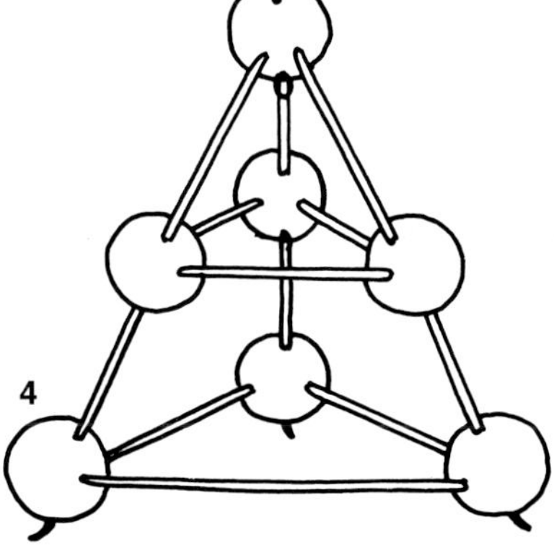

4

Knusperhaus *

Dieses märchenhafte Hexenhaus läßt gewiß jedes Kinderherz höher schlagen. Mich hat als Kind immer gestört, daß Hänsels Stall und der Backofen, in dem die böse Hexe ihr verdientes Ende findet, fehlte, und darum habe ich beides an mein Knusperhaus angebaut. Damit all die leckeren Bausteine einen festen Halt haben, wird das Haus aus fester Pappe geschnitten (Bauplan auf dem Extrabogen) und alle Kanten mit Klebestreifen stabilisiert. Türen und Fenster können mit einem scharfen Messer oder einer spitzen Schere eingeschnitten und mit buntem Transparentpapier hinterklebt werden. Technisch Begabte werden das Haus von innen beleuchten wollen. Die Hausform soll auf eine Sperrholzplatte, 40 x 40 cm groß, fundamentiert werden. Vorerst aber wird in der Hausmitte durch die Platte ein Loch gebohrt, ein Elektrokabel durchgezogen, eine Fassung mit roter Birne angebracht, das andere Ende des Kabels mit einem Stecker versehen. Doch höchstens eine 15-Watt-Glühbirne nehmen, sonst schmilzt der Zuckerguß.

Ist der Rohbau fertig – ein bißchen windschief macht nichts – wird er auf die Holzplatte montiert. Sodann das Ganze mit Pergamentpapier überkleben und mit Zuckerguß überziehen. Ist der Zuckerguß fest, die süßen Sachen mit Zuckerguß „anmauern“. Ich habe Türen und Fenster mit Schokoladenguß aufgemalt. Das Stallgitter entstand aus Salzstangen. Wer das Dach anstatt mit Keksen mit Lebkuchen decken möchte – Teig siehe nächste Seite. Garten und Zaun zuletzt gestalten. Lollies werden zu Bäumchen, Zuckerstangen zu Eckposten. Und dann heißt es: „Knusper, knusper knäuschen – wer knuspert an dem Häuschen ...?“

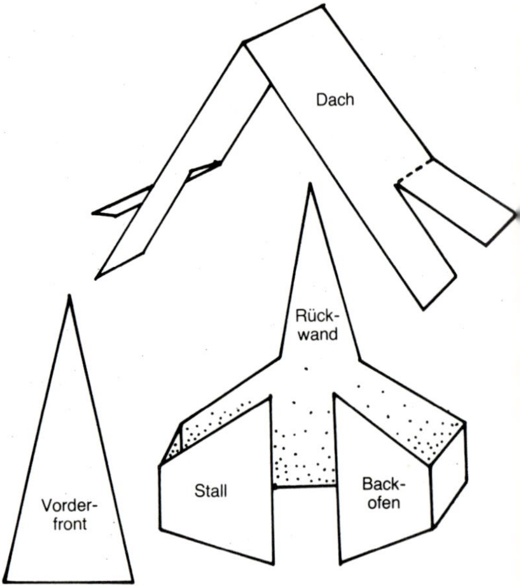

Zuckerguß

Weißer Puderzuckerguß kann auf zwei Arten hergestellt werden:

1. Gesiebten Puderzucker in eine Schüssel geben, tröpfchenweise Zitronensaft zufügen, glattrühren.

2. Gesiebten Puderzucker in eine Schüssel geben, mit flüssigem oder geschlagenem Eiweiß glattrühren – oder Puderzucker in das Eiweiß rühren, das ist gleich. Auf 250 g Puderzucker 1 Eiweiß.

Wichtig: Nicht zuviel Guß auf einmal anrühren. Er wird schnell fest. Sofort verarbeiten, Flächen mit einem Messer bestreichen oder mit dickem Pinsel auftragen.

Gebäck-Engel *

Als vor 700 Jahren in einigen Klöstern in Deutschland aus Honig, Mehl, Gewürzen und Mandeln die ersten Lebkuchen gebacken wurden, war heidnischer Aberglaube mit im Spiel. Bereits bei den alten Römern und Germanen wurde mit Honig gesüßtes Teiggebäck bösen Geistern zur Besänftigung angeboten oder den Toten mit ins Grab gegeben, um ihnen im zweiten Leben Glück zu bringen. Auch sollten Gebildebrote in Tier- und Menschenform nach dem Verzehr Kräfte verleihen oder gegen Krankheiten schützen. Mönche schnitzten Holzformen, sogenannte „Modeln", die später auch in Ton, Kupfer oder Zinn ausgeführt wurden. Rund zweihundert Jahre konnten die geheimen Rezepte in den Klöstern bewahrt werden, dann bemächtigten sich die Bäcker der Lebkuchenherstellung. Sie schlossen sich zu Zünften zusammen, die wiederum ihre Rezepte streng hüteten. Heute ist Nürnberg die Hochburg der Lebkuchenbäckerei.
Wenn in der heimischen Küche die Weihnachtsbäckerei beginnt, bricht auch für die Kinder eine herrliche Zeit an. Mit Feuereifer sind sie dabei, wenn auf den ausgerollten Teig Engelschablonen aus Papier gelegt, mit einem Messer umrandend ausgeschnitten werden. Teigreste verschwinden schnell im Mund. Um die Wartezeit während des Abbackens zu überbrücken, werden die Süßigkeiten auf Tellerchen verteilt und probeweise auf den Papierschablonen angeordnet, um dann andächtig mit Zuckerguß auf die abgekühlten Engel geklebt zu werden. Viel zu schade sind die Kunstwerke zum Aufessen. Darum werden sie auf Pappstücke geklebt, an welche Bilderösen (mit Stoffplatten) geklebt oder besser und haltbarer genäht sind – und an die Wand gehängt oder in Cellophan gehüllt verschenkt.

Lebkuchenteig
375 g Honig oder Kunsthonig, 100 g Schmalz, 50 g Zucker, 2 Teel. gem. Zimt, 1/2 Teel. gem. Nelken, 1 Prise gem. Pfeffer (weil es ja auch „Pfefferkuchen" heißt), 1 1/2 Teel. gem. Kardamom, abgeriebene Schale von 1 (ungespritzten) Zitrone, 1 Prise Salz, 1 Ei, 125 g Mondamin, 500 g Mehl, 1 Päckchen Backpulver.
Honig, Schmalz und Zucker im Kochtopf erwärmen bis alles gelöst ist. In eine Schüssel Mehl, Mondamin, Backpulver, Gewürze und das Ei geben. Die abgekühlte Honigmasse zufügen und gut durchkneten. 2 bis 3 Stunden im Kühlschrank ruhen lassen. Dann den Teig auf bemehltem Tisch etwa 1/2 cm dick ausrollen. Figuren ausschneiden. In vorgeheiztem Ofen bei 180 Grad 15 bis 25 Minuten backen. Sofort vom Blech lösen, abkühlen lassen und verzieren.

Farbiger Zuckerguß
In Drogerien gibt es Lebensmittelfarben zu kaufen. Aus Rot, Gelb und Blau lassen sich viele Farben mischen. Aber auch mit anderen Mitteln läßt sich färben: Es eignen sich Zimt, Safran, Eigelb, Kakao, Himbeer- und Waldmeistersirup, in wenig Wasser aufgelöstes grünes Götterspeisenpulver, aufgelöste rote Gelatine.
Für farbigen Guß den Puderzucker wie genannt zähflüssig anrühren, auf mehrere Schälchen verteilen und färben.

Knuspriger Nikolaus*

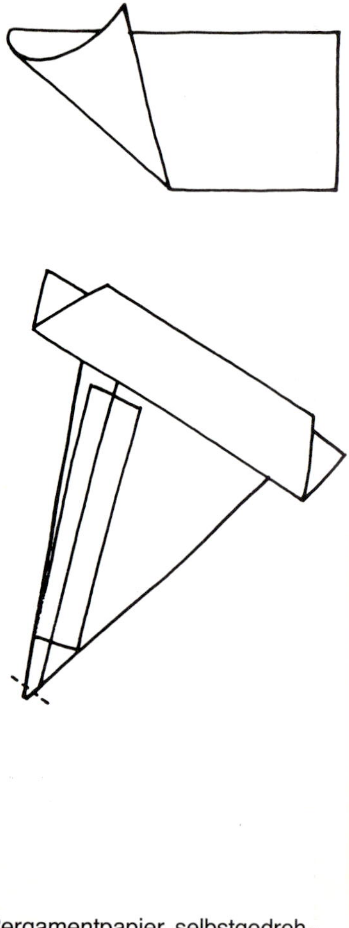

Er und vielleicht gleich mehrere Nikoläuse entstehen aus dem gleichen Teig und auf die gleiche Weise wie die Engel. Auch wie sie kann er geschmückt werden. Hier ist er nur mit Zuckergußlinien verziert. Dafür muß die Puderzuckermasse (siehe Knusperhaus) recht zähflüssig sein, um damit „zeichnen" zu können. Das geschieht mit einer aus Pergamentpapier selbstgedrehten kleinen Tüte, die mit Klebestreifen seitlich geschlossen, nach dem Einfüllen zweimal umgeklappt wird. Die Spitze wird nur minimal abgeschnitten. Nach ein bißchen üben auf Keksen ist es wirklich nicht schwer. Ist die Tüte nach mehrmaligem Einfüllen aufgeweicht, wird eine neue gedreht.

Prächtige Honigkuchenpferde*

Sie entstehen aus dem gleichen Stoff wie die Engel und der Nikolaus und werden auch auf die gleiche Art aufgezäumt. Sorgsam in Cellophan verpackt, für weitere Strecken durch feste Pappen geschützt, galoppieren sie zu lieben Menschen. Wenn sie nicht selbst aufgegessen sind oder als Dekoration dienen. Sind sie nicht ein idealer Tischschmuck für Pferdefans? Vielleicht werden sie als „Tischkarten" vor jedem Gedeck stehen, mit Namen aus Zuckerguß beschrieben. Ihre Form wird, ebenfalls nach einer Papierschablone, aus dem ausgerollten Teig geschnitten und abgebacken. Wer die Pferdchen größer oder kleiner haben möchte, schafft die Größenveränderung mit Hilfe eines gezeichneten Gitters – oder entwirft einen eigenen Gaul. Übrigens, kennen Sie Backtrennpapier? Mit diesem pergamentähnlichen Papier werden Backbleche ausgelegt. Es spart das Einfetten und Reinigen der Bleche.

Christbaum zum Aufessen

Aus Lebkuchenteig oder einem Mürbeteig (250 g Mehl, 125 g Butter, 125 g Zucker, 1 Ei, handfest verkneten, kalt stellen, ausrollen) neun Sterne in verschiedenen Größen ausstechen und backen. Die Sterne aufeinandertürmen, jeweils dazwischen eine Dattel, eine Feige, ein Bonbon oder eine Haselnuß mit Zuckerguß befestigen. Angerührten Puderzucker (siehe Knusperhaus-Seite) aufstreichen mit eßbaren Silberperlen bestreuen. Obenauf kommt ein Himbeerbonbon oder eine glasierte Kirsche. Wer es lieber mag, schmückt das Bäumchen mit bunten Liebesperlen. Tüftler verteilen die letzten Perlen mit Hilfe einer Pinzette.

Bunt bemalte Springerle

Ursprünglich waren sie ein Gebäck wie jedes andere auch, Gebildbrote, wie schon bei den „Süßen Engeln" beschrieben. Doch immer kunstvoller wurden die Modeln für den „Eierzucker", wie sie auch genannt werden. Von blühender Phantasie und handwerklichem Können zeugen die holzgeschnitzten Reliefformen, die in Museen zu bewundern sind, prächtige Reiter voll reicher Ornamentik, zarte Damen, nach neuester Mode gekleidet, religiöse Motive in entzückender Naivität. Fertige Springerle und auch Rohformen zum Bemalen kann man kaufen – doch wir wollen sie ja selbst fabrizieren. Also besorgen wir uns einfache Modeln. Nun gibt es drei Möglichkeiten: 1. Springerle zum Aufessen, mit Speisefarben zu bemalen, 2. als Schmuck nach traditionellem Rezept gebacken, oder 3. aus einer dauerhaften Modelliermasse geformt und mit beliebigen Farben bemalt.

Springerle-Rezepte

Rezept zum Aufessen: 2 Eier schaumig schlagen, nach und nach 200 g gesiebten Puderzucker und ein Päckchen Vanillezucker unterrühren. 250 g Mehl mit 1 Messerspitze Backpulver sieben und einrühren. Den Teig auf bemehltem Brett schnell verkneten, ca. 1 cm dick ausrollen. Bemehltes Model in den Teig drücken, abheben, Ränder glattschneiden. Auf ein gefettetes, mit Anis bestreutes Backblech setzen und in einem geheizten Raum 24 Stunden trocknen lassen. Im vorgeheizten Ofen bei schwacher Hitze 30 Minuten backen. Springerle einige Tage in einer offenen Dose liegenlassen, damit sie Feuchtigkeit aufnehmen und weich werden. Erst dann die Dose schließen, um sie frisch zu halten.

Das traditionelle Salzrezept: 500 g Mehl mit 200 g Salz mischen. Nach und nach 1/4 l Wasser unterkneten. Fingerdick ausrollen, Springerle ausstechen. Zwei Tage ruhen lassen. Dann in vorgeheiztem Backofen bei 50 Grad eine Stunde trocknen lassen.

Kerzen verzieren

Ohne Kerzen keine Weihnachtszeit. Wachs- und Talgkerzen kannten schon die alten Römer. Die Stearinkerze ist erst runde 150 Jahre alt. Heute entsteht dieser Beleuchtungskörper aus einer Mischung von Bienenwachs, Paraffin und Stearin und einem Baumwolldocht. Kerzenlicht bedeutete – außerhalb der praktischen Nutzung – in den alten Riten das Strahlen der Weisheit. Uns bedeuten sie Erleuchtung im christlichen Glauben.

Kerzen ziehen heißt: das wiederholte Eintauchen des Dochtes in das heiße Wachsgemisch. Kerzen gießen heißt: das Eingießen der flüssigen Wachsmischung in eine mit einem Docht versehene Hohlform. Wollen wir einfache weiße Haushaltskerzen bemalen, können wir das mit Deckfarben aus dem Tuschekasten. Damit die Farben besser auf dem Wachs haften, werden die Kerzen vorher eine Stunde in eine starke Salzlösung gelegt. Die fertig bemalte Kerze wird mit flüssigem Wachs (von einem Kerzenrest) dünn überpinselt, damit sie schön glänzt.
Wenn die Kerze herunterbrennt und die Farbrückstände sich um den Docht sammeln, zischt es ein wenig – aber das tut nichts, das schafft erst die rechte Weihnachtsstimmung. Es gibt aber auch Spezial-Wachsfarben in Hobbyfachgeschäften, die mit einem Tuschepinsel aufgetragen werden. Einfache Striche, Sterne, Punkte oder Zackenlinien kann jedes Kind malen. Besonderen Spaß macht es, Kerzen mit Motiven aus Verzierwachs (einem Spezialwachs in Platten, in verschiedenen Farben erhältlich) zu schmücken. Einfach Teile ausschneiden, an die Kerze legen und andrücken. Wer es besonders hübsch haben will, zeichnet erst einen Entwurf auf Papier, drückt die einzelnen Farbflächen auf die Wachsplatten durch, schneidet sie aus und

setzt das Motiv auf der Kerze zusammen. Das Aparte an den hier gezeigten Kerzen ist die Goldzier. es gibt Goldfolie, die wie Durchschreibepapier aufgelegt und auf den Wachsgrund mit einem Kugelschreiber (oder Bleistift) durchgedrückt wird. Solche Kerzen sind feine Geschenke für liebe Menschen. Man kann den Namen des Empfängers aufschreiben – „Für Omi“ z.B. – oder ein kurzes Weihnachtsgedicht, ein Weihnachtslied mit Noten oder liebe Grüße von der ganzen Familie.

Noch ein paar Kerzentips: Passen Kerzen nicht in vorhandene Leuchter – die Enden einige Sekunden in kochend heißes Wasser tauchen und schon lassen sie sich eindrücken.

Kerzen brennen heller und länger, wenn in das flüssige Wachs um den Docht ein paar Salzkörner gestreut werden.

Kerzenflecken auf der Tischplatte nicht mit einem Messer abkratzen. Erstarrtes Wachs vorsichtig abheben, den Rest mit einem in Olivenöl getauchten Lappen abwischen.

Kerzenhalter*

Viele, viele Kerzen gehören in die Adventszeit. Überall sollen sie leuchten und glänzen – und da fehlt es natürlich an Haltern. Die aber sind schnell gebastelt. Zum Beispiel aus einem dicken Tannenzapfen, der auf einem Sternensockel aus zwei Metallfolienstreifen steht (obenauf ist ein kleiner Messinghalter geklebt), oder ein Ständer aus genau 59 Wäscheklammerhälften (mit einer unterklebten Pappscheibe, damit es keine Wachsflecken auf dem Tischtuch gibt), oder eine blütengleiche Manschette aus sieben Metallfolienscheiben über einem dicken Korken.

Modellierte Engel als Kerzenhalter

Ein Thema eines Lehrganges für 160 Hobbyfachleute hieß „Engel modellieren“. Die ersten Versuche wurden ganz brav, dann sproß mit dem Spaß die Phantasie. Immer lustigere, originellere, kühnere Gestalten erwuchsen aus der leicht formbaren Masse. Der allerletzte Himmelsbote gar war als männliches Wesen durch Bart und Seppelhut gekennzeichnet – zum Ergötzen aller. Ist das nicht eine Idee? Ein Engel-Wettbewerb im fröhlichen Bastelkreis? Der schönste oder witzigste wird prämiiert. Engel müssen ja nicht unbedingt ätherisch ernst sein. Diese beiden sind es – sie sind ja nur als Anregung vorgestellt. Welche Modelliermasse? Es gibt so viele gleicher Qualität – von Ton gar nicht zu reden –, daß hier keine genannt sein kann. Ob lufttrocknend oder im Backofen zu härten – auf das Ergebnis kommt es an, auf die Gestaltung.

Kerzenhalter hat man nie genug

Aus einer leeren Flasche oder Dose läßt sich im Handumdrehen ein origineller Kerzenhalter zaubern. Hier ein paar gezeichnete Anregungen: 1. Eine Dose mit rotem Glanzpapier umkleben. Rote Holzperlen um den Rand kleben. Messinghalter aufkleben oder Kerze direkt auf der Dose befestigen. 2. Ein Glas (Öffnung nach unten) mit Glitzerpapier umkleben. Grüne Knetmasse etwa 1 cm dick auf das Glas drücken. Deckel als Kerzenhalter eindrücken. In die Knetmasse kleine Tannenzweiglein stekken. 3. Eine schöngeformte Flasche bemalen. Oblaten oder selbstgemalte Engel ausschneiden und aufkleben. Kerze in die Öffnung drücken oder Halter aufkleben. 4. Eine Flasche rot anmalen. In die Öffnung Glitzerband und viele kleine Silberkugeln an lange Silberfäden kleben und herunterhängen lassen. Kerzenhalter aufkleben. 5. Eine kleine Dose mit Goldfolie umkleben. Aus Goldfolie zwei Streifen schneiden, einschneiden und um die Dose kleben.

Festliche Kerzenhalter aus Trinkgläsern

1. In das Glas eine Steckhilfe (Knety, Mosy, Moos, Steckschwamm – gibt es in Blumengeschäften) geben. Drei dünne, lange rote Kerzen einstecken. Tannenzweiglein dazugeben. Winzige rote Kugeln an langen Fäden an die Tannen hängen. 2. Das Glas umdrehen, eine dicke Kerze, deren Farbe mit Tischdecke und Geschirr harmonieren sollte, mit ein paar Tropfen Wachs befestigen. Aus einem Gold- oder Silberfolienstreifen eine „Ziehharmonika" falten, einschneiden wie auf der Zeichnung ersichtlich. Viele kleine und größere Sterne aus der Folie schneiden, mit Fäden an die „Ziehharmonika" knoten. Den Streifen um den Rand des Glasfußes biegen. Ausprobieren, wie lang er sein muß, eventuell etwas abschneiden. Mit Klebstofftupfern befestigen.

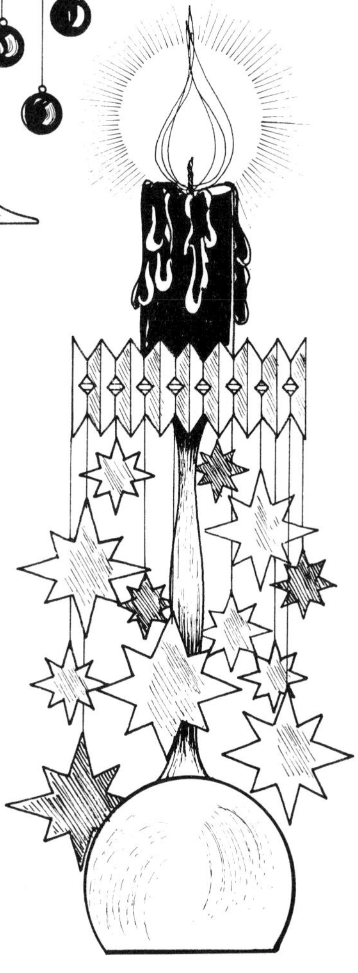

Tannenbaum-Lämpchen *

Dieses Leuchterbäumchen gibt einen Vorgeschmack auf den großen Weihnachtsbaum. Es entsteht aus einem Bogen Metallfolie (21 x 29,5 cm) in Gold-Silber. Ein Teelicht schenkt geheimnisvollen Schein. Den Entwurf (siehe Bogen) auf die Folie legen, mit einem ausgeschriebenen Kugelschreiber durchdrücken. Die Rundformen zu je zwei Hälften einschneiden. Später beide Seiten nach außen biegen. Die Punkte mit einem spitzen Nagel oder einem Dosenmilchöffnerdorn von der Rückseite eindrücken – auf einer dicken Lage Zeitungspapier. Die Form von der Spitze her zusammenbiegen und die Kanten verkleben. Zwei Sterne ausschneiden, die „Strahlen" einrollen, ineinanderstecken und in die Spitze des Bäumchens kleben.

Adventslaternen

Geheimnisvolle Lichtreflexe umspielen die Tischlaternchen, die bereits „klassisch" genannt werden können. Hier die bekannten und einige Variationen, die immer wieder erfreuen:

Das einfache: Ein Rechteck falten. Von der offenen Längsseite 2 cm abmessen, markieren. Vom Falz bis zur markierten Linie in Abständen von 5 mm einschneiden. Entfalten, glattstreichen, rundbiegen. An den Rändern zusammenkleben. Über ein Teelicht in Metallhülse, das auf einem Tellerchen oder einem Dosendeckel stehen sollte, stülpen.

Das dreifache: Siehe oben – mal drei und zusammenkleben.

Das rote: Einen Streifen, 8 x 23 cm, aus Metallfolie mit Hilfe eines spitzen Nagels oder eines Dosenmilchöffners mit Sternen oder Ornamenten verzieren. Von links eindrükken. Eine dicke Lage Zeitungspapier unterlegen.

Das ovale: Einen Streifen weiche Kupferfolie, 10 x 21 cm, mit Hilfe eines Lineals bemessen, einschneiden. Streifen rund nach außen biegen – mit einer Zange, einer stumpfen Schere oder über einem Bleistift. Lämpchen zusammenkleben.

Fensterbild in Glasmalerei *

Weihnachtsstimmung ist zwar Privatsache, doch, mögen die Wochen der Geschäftigkeit auch manchen die Stille des Advent rauben – immer noch besser, als obrigkeitlich das Feiern und Schenken zu verbieten oder gar die Weihnachtsbescherung als „üble Geldverschwendung“ unter Strafe zu stellen. So geschehen im 18. Jahrhundert von deutschen Fürsten.

Ein hübsches Fensterbild, von blasser Wintersonne durchstrahlt, erfreut uns täglich neu und läßt Vorübergehende teilhaben an unserer Festfreude.
An Material brauchen wir eine runde Glas- oder Acrylscheibe, möglichst bleigefaßt und mit einem Aufhängerkettchen versehen, wenn nicht, fassen wir mit Klebeband ein und kleben einen Aufhänger an. Im Bastelladen bekommen wir sie. Dort gibt es auch Konturenpaste und transparente Glasmalfarben. Wir kaufen Gelb, Rot und Blau.
Die Platte reinigen wir mit Spiritus oder einem Geschirrspülmittel, legen das Motiv unter und befestigen mit Klebestreifen. Alle Linien des Entwurfs ziehen wir mit der Konturenpaste nach. Mißlingt ein Strich – stehenlassen. Trocken läßt er sich mit einem Messer abkratzen. Das gilt auch für zugelaufene Ecken. Sehr feine Striche erreichen wir, wenn wir die Konturenpaste mit einem feinen Pinsel auftragen. Nach ein bis zwei Stunden Trockenzeit lösen wir den Entwurf ab. Dann malen wir alle Felder mit transparenter Farbe aus. Alle Farben eines Fabrikates sind untereinander mischbar, so daß wir also nur die drei Grundfarben brauchen. Gelb und Blau ergibt bekanntlich Grün, Gelb und Rot Orange usw. Während wir ausmalen, heben wir die Scheibe von Zeit zu Zeit etwas an, um zu sehen, ob alle Ecken und Kanten ausgefüllt sind. Wir tragen die Farben mit vollem Pinsel in einem Zug auf. Pinsel und Finger lassen sich mit *Reiniger* oder *Verdünner* säubern. Die Kleidung sollten wir mit einer Schürze, den Arbeitsplatz mit Plastikfolie schützen.
Entwurf auf dem Musterbogen.

Auch so lassen sich Fenster schmücken:

Das Sternenfenster

Wo Fenster mit Sternen prunken, wissen wir – wohnen Kinder, die sich aufs Christkind freuen. Ein Haus kenne ich, an dessen Fenster vermehren sich die Sterne von Tag zu Tag. Einmal kommt ein kleiner hinzu, einmal ein großer. Die Tage bis zum Fest lassen sich aber trotzdem nicht abzählen, denn jeder kleine Gast, der kommt, um in der Weihnachtswerkstatt mitzubasteln, darf einen Stern aus Gold- oder Silberpapier ausschneiden und ans Fenster kleben.

Schneelandschaft am Fenster

Nicht immer schneit es zur Weihnachtszeit, doch es gibt ja Fingermalfarben, mit denen die Aussicht verzaubert werden kann. Die Kleinsten tupfen die Schneeflocken. Und wenn die Malerei nicht mehr gefällt, wird sie einfach abgewaschen.

Weihnachtsteller*

Noch in der Biedermeierzeit war der Bunte Teller für die lieben Kleinen meist die ganze Bescherung. Vielleicht gab es noch einen Hampelmann oder eine Puppe, eine Schachtel Zinnsoldaten oder gar ein Schaukelpferd, aber mehr gewiß nicht. Seligkeit waren die süßen Leckereien, die würzigen Lebkuchen, die polierten Äpfel, die vergoldeten Nüsse. Und auch der Teller, auf dem die Köstlichkeiten sich häuften, mußte ein besonderer sein. Heute gibt es kaum eine namhafte Porzellan-Manufaktur, die keine Weihnachtsteller produziert. Diese Teller werden gesammelt, als Kapitalanlage gewertet, frühere Ausgaben limitierter Auflagen an einer Tellerbörse gehandelt, alljährlich ausgestellt. Alte Weihnachtsteller sind so unersetzlich und unerschwinglich, daß sie nur in geschlossenen Vitrinen aufbewahrt werden.

Kostbar wird der unsrige allein dadurch sein, daß er selbstbemalt und somit einmalig ist. Wir brauchen dazu einen schlichten, flachen Teller, den wir mit Spiritus oder Spülmittelwasser gründlich reinigen. Das gewünschte Motiv übertragen wir mit Graphitpapier – oder wir zeichnen die Linien des Entwurfs auf der Rückseite mit einem weichen Bleistift nach, legen auf und drücken durch. Wer es sich zutraut, mag ohne Vorzeichnung gleich auf den Teller malen. Wir malen mit deckender Emaillack-Zierfarbe, die hoch glänzend rasch trocknet. Bei 130 Grad 30 Minuten im vorgeheizten Backofen gebrannt, wird sie stoß- und kratzfest, aber nicht geschirrspülmaschinenfest.

Auch mit den Transparentfarben für Glasmalerei können Porzellan- oder Keramikteller verziert werden. Auch sie werden kurz eingebrannt, oder mit einem Sprühlack überzogen. Außerdem gibt es Tubenfarben, welche auf Porzellan haften und eingebrannt härten – den Fachmann fragen. Wer sich bereits mit Porzellanmalerei befaßt hat, wird seine Spezialfarben nehmen.

Auch Alu-Gefrierteller kann man mit Emaillack-Zierfarben oder Transparentfarben bemalen – auch sie kommen in den Backofen. Wer es einfacher (wenn auch nicht so dauerhaft) möchte, bemalt Pappteller mit Tuschefarben – oder beklebt Kunststoffteller mit ausgeschnittenen Motiven.

Motive auf dem Musterbogen.

Merry Xmas
Frohe Weihnacht
Felices Navidades
Joyeux Noel
Weihnacht
1981
Fröhliche Weihnacht
1980

Herzige Herzen *

Sie sind als sinnige Gabenträger oder Behälter für Süßigkeiten am Tannenbaum von jeher beliebt. Außerdem sollen sie eine kleine Mahnung bedeuten, nämlich: stille zu sein und den Zauber der Weihnachtszeit so recht von Herzen auf sich einwirken zu lassen.

Hier von einfach geklebten bis zu kunstvoll geflochtenen Herzen ein rundes Dutzend. Das Prinzip ist bei allen geflochtenen gleich. Wichtig ist, daß die Einschnitte einige Millimeter tiefer sind als die Gegenhälfte breit ist. Dann läßt sich auch der letzte Streifen gut durchziehen. Der Bügel wird jeweils an die Innenseiten geklebt. Siehe Bogen.

1

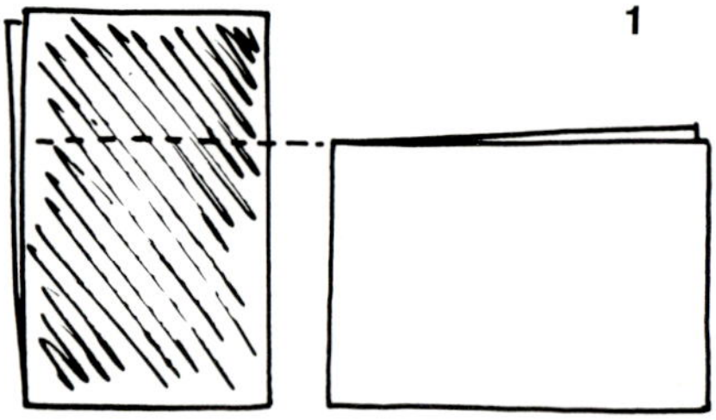

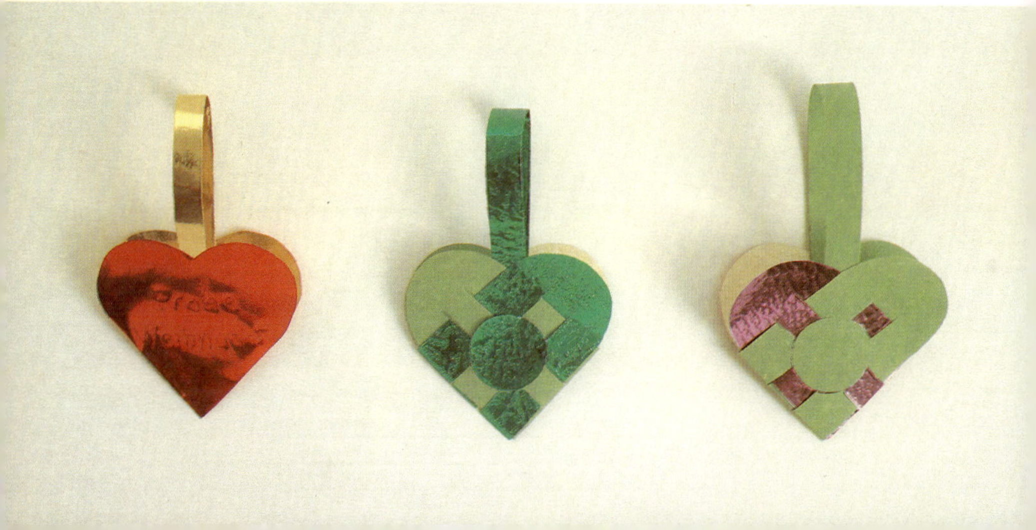

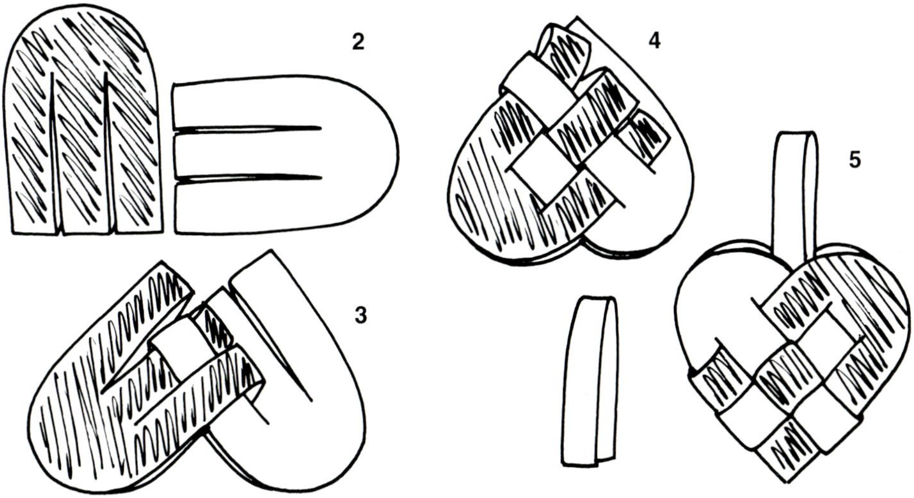
2
3
4
5

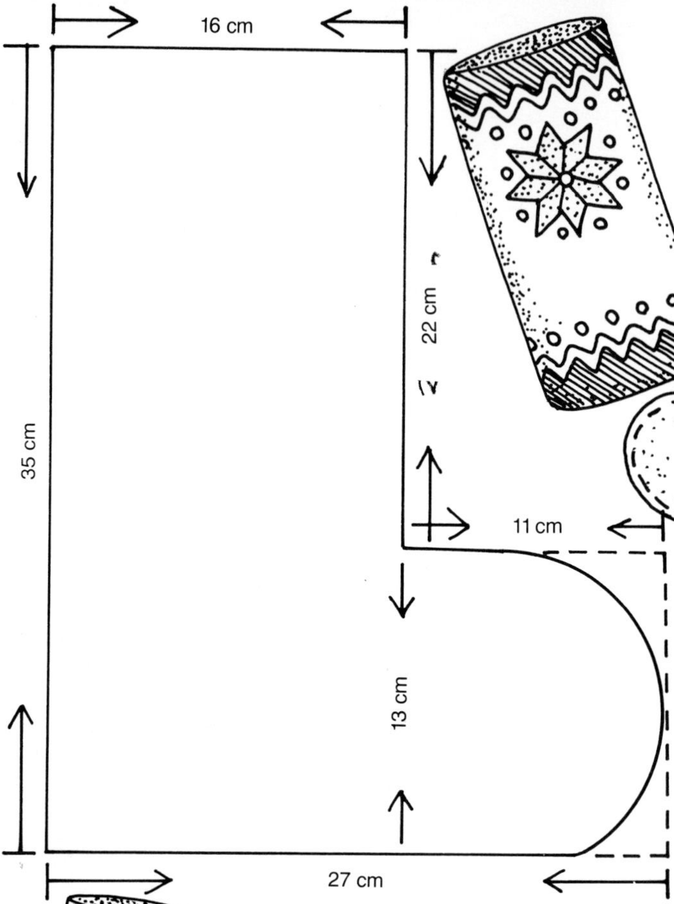

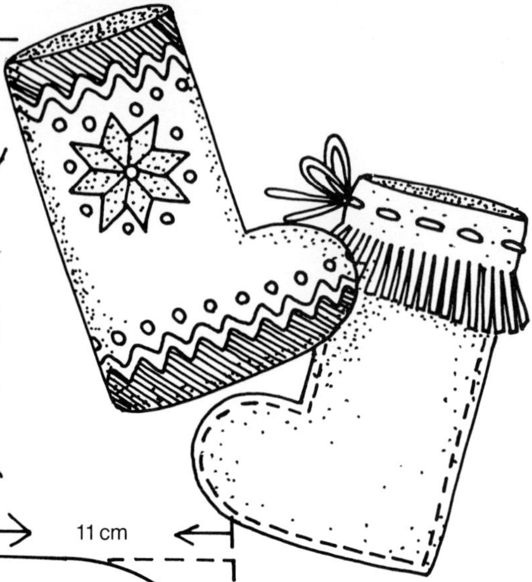

Nikolaus-Stiefel

In der Nacht zum 6. Dezember füllt St. Nikolaus die auf das Fensterbrett gestellten (gut geputzten) Schuhe der braven Kinder mit Leckereien. Bösen Buben bringt er seine Rute. Gab es den Nikolaus wirklich? Um das Jahr 300 soll der Kinderfreund als Bischof in der heute türkischen Stadt Myra gelebt haben.
Neu ist der Brauch, dem Heiligen einen schön verzierten Filzstiefel zum Füllen anzubieten. So ein Stiefel ist schnell genäht und mit bunten Borten, Zackenlitzen, Spitzen, Perlen geschmückt. Wer es eilig hat, klebt statt zu nähen.

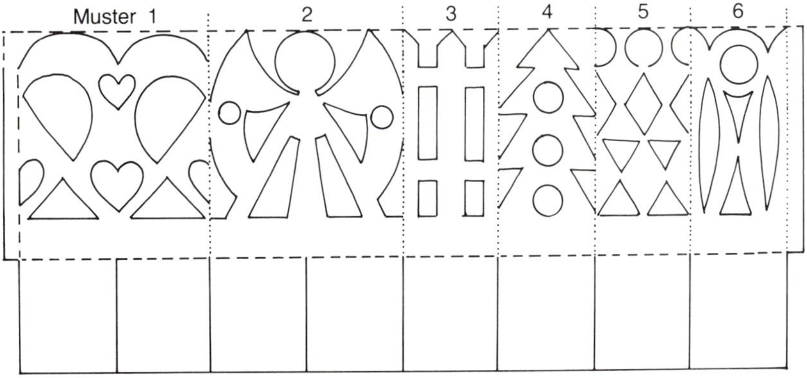

Körbchen aus Karton

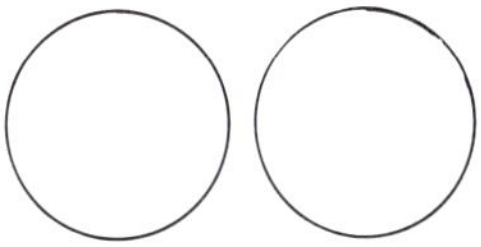

Bodenplatten

Diese bringt der Nikolaus großen Kindern und Leuten mit kindlichem Herzen, gefüllt mit kleinen Aufmerksamkeiten. So ein Körbchen mit süßem Inhalt ist auch ein schmukkes Mitbringsel. Vielleicht findet es sogar im Tannenbaum Platz.

Körbchen sind schnell aus farbigem Fotokarton gearbeitet: Den Entwurf mit einem Kugelschreiber auf den Karton durchdrükken und ausschneiden. Die Bodenteile nach innen umbiegen. Die Seiten zusammenkleben. Die runden Kartonscheiben mit Klebstoff bestreichen und zwecks Stabilisierung innen und außen in die Mitte des Bodens kleben. Zuletzt den Bügel ankleben.

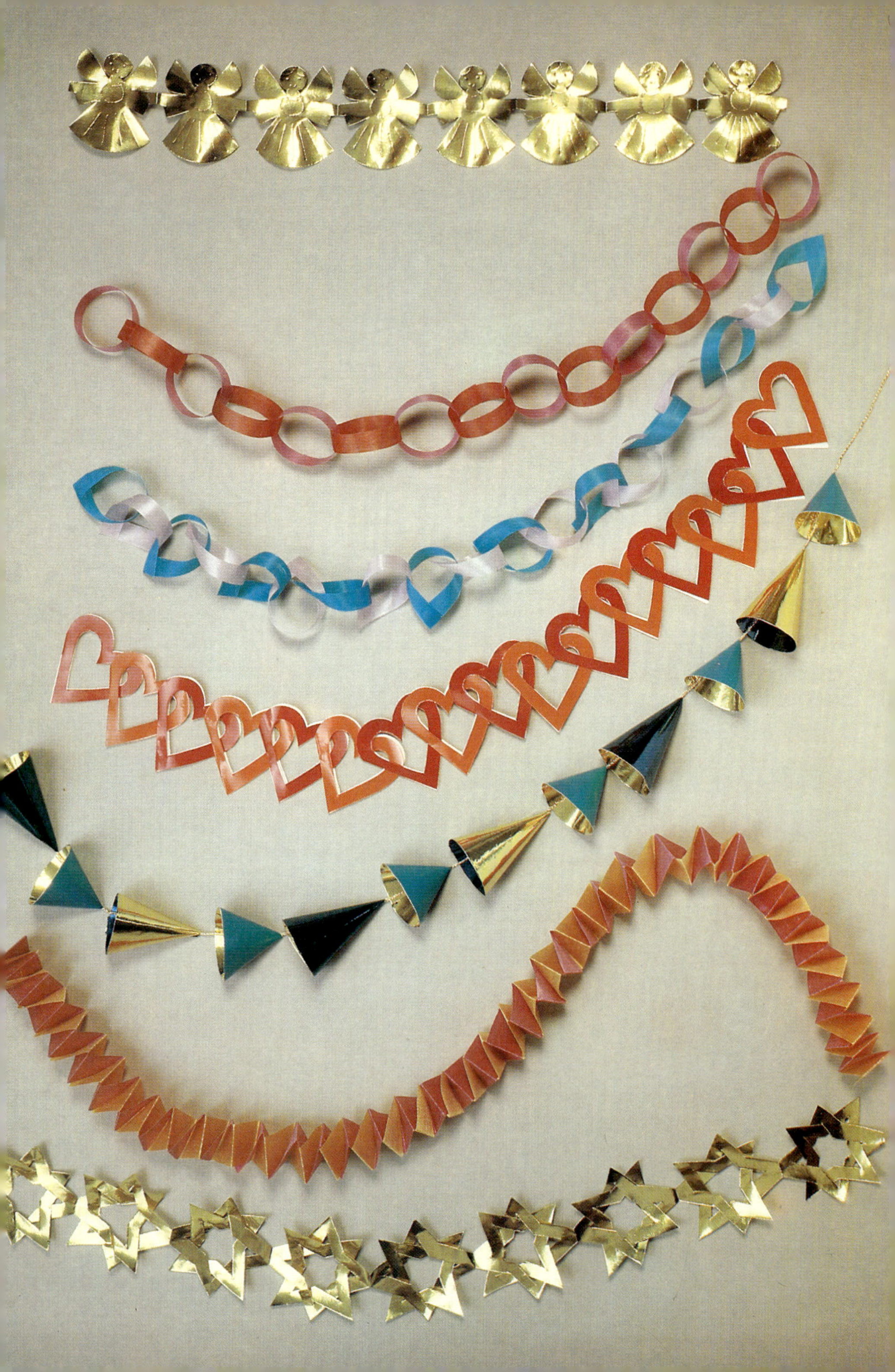

Bunte Girlanden

Die bunten Girlanden im Weihnachtsbaum sollen germanischen Ursprungs sein. Ein böser Drache, Nithhaggr hieß er, ging um in der Winterzeit. Um ihn zu versöhnen, wurden ihm Gaben dargebracht. Sie wurden in bunten Ketten verschnürt in die Bäume gehängt. Wir fühlen uns nicht mehr von Drachen bedroht, sondern freuen uns nur über den fröhlichen Schmuck, der so schnell und einfach zu basteln ist, daß sich auch Kinder mit Begeisterung daran beteiligen und meterlange Ketten kleben.

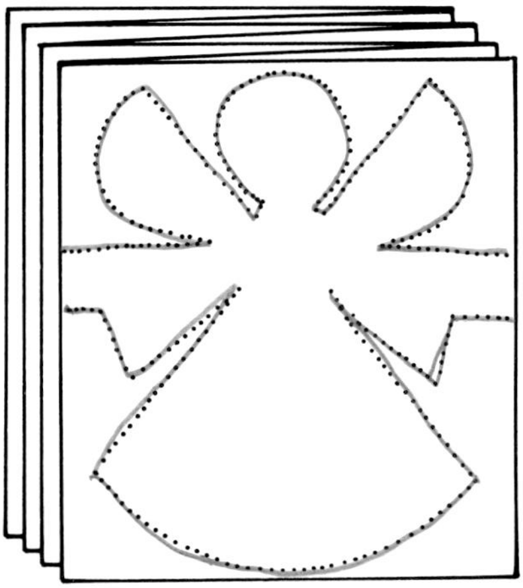

Engelkette

Einen halben Engel auf ein in der Mitte gefaltetes Stück Papier zeichnen, ausschneiden, entfalten. Einen 45 cm langen, 5 cm breiten Streifen Goldpapier wie eine Ziehharmonika falten, den Engel auflegen, umzeichnen, ausschneiden, entfalten. Wichtig ist die Verbindung an den Händen. Mehrere Engelgruppen aneinanderkleben, so daß sich eine beliebig lange Kette ergibt.

Ringkette

1. Auf farbigem Papier oder Ramieband viele, viele Streifen – 1 cm breit, 10 cm lang – schneiden und ineinanderkleben.
2. Gleiche Streifen – 1 cm breit, 12 cm lang – ineinanderkleben wie die Zeichnung zeigt.

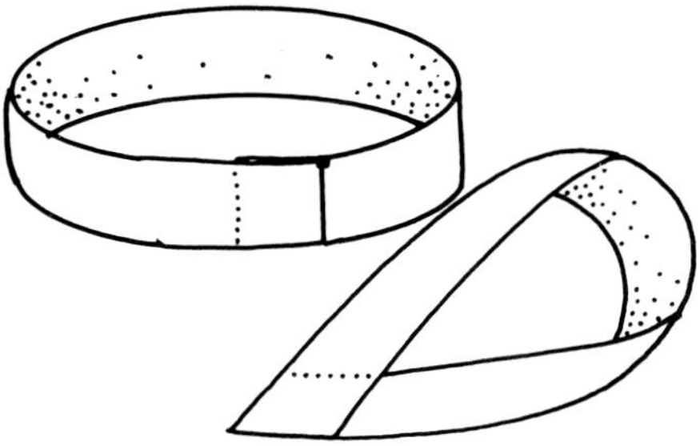

Herzkette

Ein Stück Glanzpapier – 5 x 10 cm groß – in der Mitte falten, ein Herz aufzeichnen, ausschneiden. Darauf achten, daß an der Faltstelle ein Stück geschlossen bleibt. Eine Menge Herzen ausschneiden und ineinanderstecken wie die Zeichnung zeigt.

Tütenkette

Aus doppelseitig kaschiertem Metallpapier (d. h. eine Seite mattfarbig, die andere metallisch glänzend) viele Kreise schneiden. Dazu nehmen wir einen Zirkel oder umranden einen kleinen Teller. Die Kreise in zwei oder drei Segmente teilen, die, zu Tüten gedreht, zusammengeklebt werden. Die Tüten auf Gold- oder Silberband ziehen. Damit sie nicht zusammenrutschen, Knoten einknüpfen. Tütenketten sind nichts Neues. Neu ist hier nur die Abwechslung großer und kleiner Tüten in verschiedenen Farben.

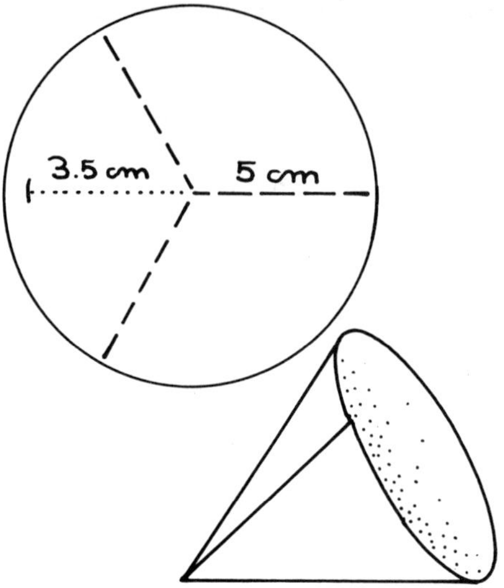

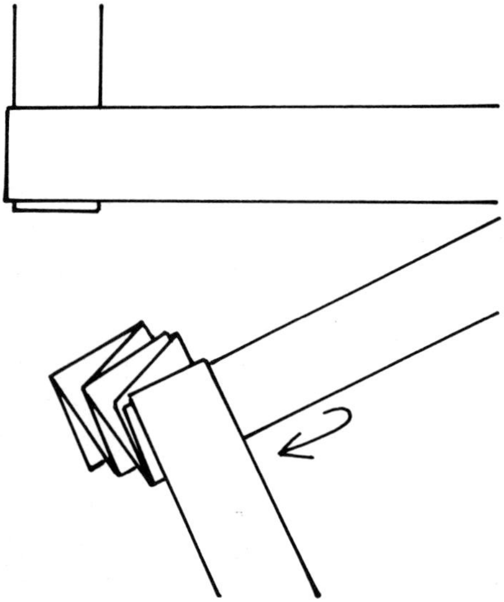

Hexentreppe

Auch sie ist uralt, doch immer wieder dekorativ: 2 Streifen Ramieband – 1 oder 2 cm breit, je 1,50 m lang – verschiedenfarbig, an den Enden verkleben und falten und falten ... Geht ein Streifen zu Ende, einen neuen ankleben, bis die Kette die gewünschte Länge hat.

Sternkette

Einen Goldpapierstreifen – 5 x 50 cm – zu einer Ziehharmonika falten. Stern aufzeichnen und ausschneiden. Auf Zusammenhang der Sternspitzen achten. Entfalten, glattstreichen. Wieder einen Goldpapierstreifen – 5 x 50 cm – falten, Stern aufzeichnen, ausschneiden. Diesmal den Stern ganz ausschneiden. In jeden Kettenstern einen zweiten Stern einstecken, wie die Zeichnung zeigt. Auch diese Kette läßt sich, durch Aneinanderkleben, endlos fortsetzen.

Weihnachtsschmuck aus Alu-Folie

Eine Rolle Alu-Folie findet sich wohl in jedem Haushalt. Daraus können wir lustige Figuren basteln, wozu es keinen besonderen Talentes bedarf, denn auch die bizarrsten Formen sehen im Kerzenschimmer bezaubernd aus. Wir formen also, indem wir knüllen, drücken, pressen, biegen was uns in den Sinn kommt: Sonne, Mond und Sterne, Engel, Glocken, Hund, Katz und Vogel – und jede Menge Eiszapfen, die im Nu fertig sind und herrlich glitzern. Mit einer Schlinge versehen, hängen wir diese Gebilde an einen Tannenzweig oder in den Christbaum. Und da wir gerade so schön dabei sind, bekommt die Großmama eine ganze Schachtel davon, als Geschenk der Enkelkinder zu Weihnachten.

Übrigens, vielerorts gehört zum Christbaumschmuck auch ein oder mehrere Vögelchen. Wie eine Legende aus dem Harz erzählt, fand ein großer Schwarm der kleinen Sänger einmal Zuflucht in einer riesigen Tanne während eines Schneesturms am Heiligen Abend.

Holzperlen-Gehänge

Farbenfrohe Sterne und Herzen aus bunten Holzperlen sind ein heiterer Zierat von rustikalem Charme. Hübsch sind sie in Tannengrün, das vielleicht auf der Diele seinen Platz findet. Besonders reizend wirken sie an einem kahlen, weißgestrichenen Zweig, der, in einem Blumenigel steckend, mit einer dicken Kerze ein weihnachtliches Arrangement bildet. Auch als Mitbringsel sehr geeignet, da nicht so empfindlich.

Wichtig ist die Farbzusammenstellung der Gehänge. Darum vor dem Zusammenbau auf einem weißen Blatt Papier so lange immer neue Kombinationen probieren, bis eine optimale Wirkung erreicht ist.

Kinderleicht ist das Aufziehen der Perlen auf dünnen Draht. Das Geheimnis ist jeweils, daß der Draht mehrmals durch eine Perle geführt wird. Sollte der Draht einmal nicht für die letzten Sternzacken ausreichen, ein Stück Draht ansetzen, wie, zeigt die Zeichnung.

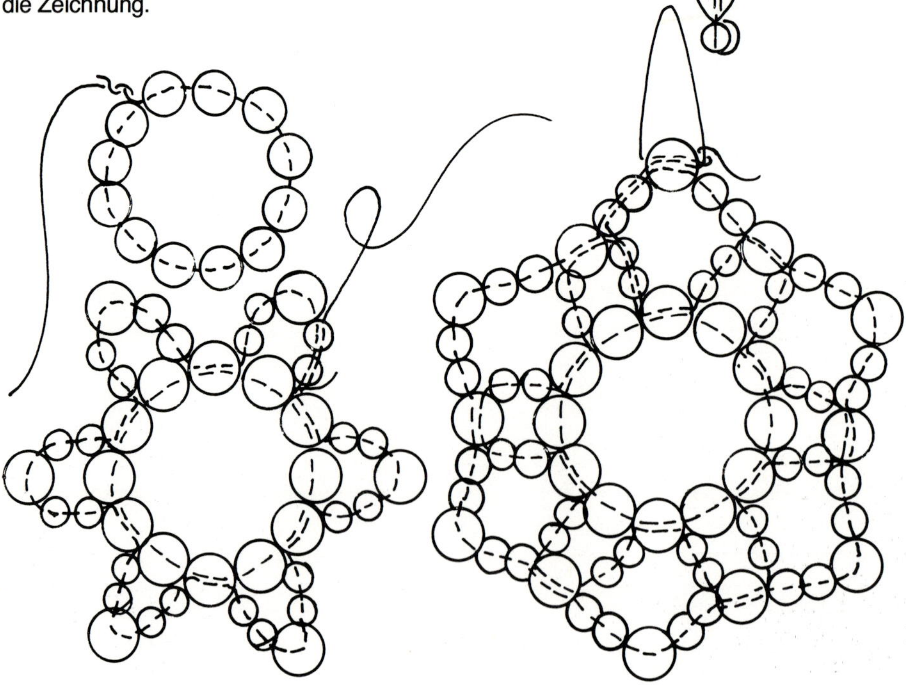

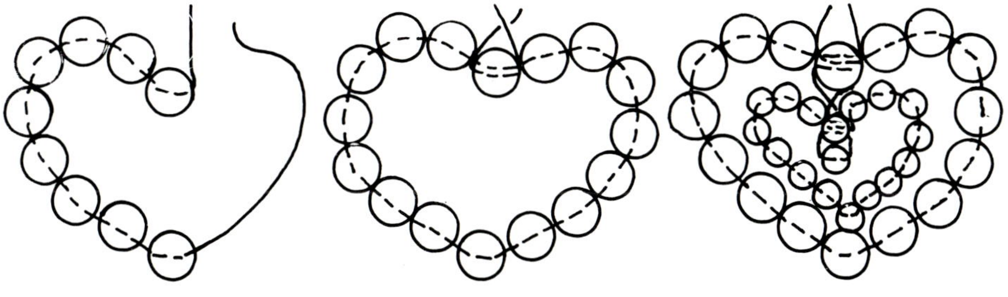

Glasglocken

Wenn wir einen adventlichen Tannenstrauß oder den Weihnachtsbaum schmücken, verbergen sich hinter diesem alten Brauch uralte Symbole. Die Glöckchen hängen sozusagen stellvertretend für die vielen großen in den Kirchen an den Zweigen. Gläserne Kugeln stellen das Licht der Sonne dar. Die alten Germanen gar hängten Kugeln aus purem Gold in die verschneiten Bäume. Äpfel (und ihre Sinnbilder, die roten Kugeln), Nüsse und Früchte, Back- und Zuckerwerk bedeuten Dank an die Natur, sie sind Zeichen der Hoffnung auf gute Ernte im kommenden Jahr. Sie sind Beweise der Versöhnung, der Liebe, der Ehrfurcht. Sie sind auch die Erinnerung daran, daß früher einmal die Gabenbäumchen, in denen sogar Gänse, Hühner, Würste und Brot hingen, nach der Weihnachtsfeier von den Armen geleert werden durften. In ländlichen Gebieten Südeuropas bekamen die Tiere im Stall die Äpfel und Früchte – schließlich waren sie ja auch bei dem Wunder von Bethlehem zugegen.

Um die Schönheit der Glasglocken stilvoll zu steigern, habe ich sie nur mit weißer Bauernmalfarbe verziert. Zwei Tricks, um gerade Linien hinzubekommen: 1. Malhand auf einem Buch abstützen. – 2. Linien in einem Zug, ohne abzusetzen, malen.

Styroporkugeln

Diese federleichten weißen Kugeln gibt es in verschiedenen Größen in Bastelläden zu kaufen. Hier sind diese Kugeln mit hell- oder dunkelroter Bastelfarbe zweimal bemalt und nach dem Trocknen mit Perlen, Pailletten, Goldsternen, Borten, Goldgarn beklebt oder mit Hilfe von Stecknadeln besteckt. Interessant die Spannung mit Goldgarn. Hierzu kleine Messingnägel eindrücken – es sieht hübscher aus. Aufgehängt werden die Kugeln an eingedrückten Drahtösen. Natürlich sehen sie auch bunt bemalt gut aus – doch Vorsicht, das kann leicht kitschig werden. Ton in Ton ist immer richtig.

Sterne aus weißem Papier

Ein Bastelspaß für die ganze Familie: filigranzarte Sterne aus Papier schneiden, die am Fenster wie an Tannenzweigen faszinieren.

Aus einem Bogen Schreibpapier (21 x 29,7 cm) drei Streifen, je 7 cm breit, schneiden – oder drei Streifen, 5 cm breit, und einen Streifen, 6 cm breit. Die Streifen in Ziehharmonikamanier falten. Muster einschneiden, Sternzacken schneiden. Streifen zusammenkleben. Einen Faden durchziehen, zusammenziehen, so daß sich der Stern bildet, und verknoten. Wer es ganz akkurat haben möchte (ich meine, daß es die Arbeit erleichtert), markiert den Bogen quer mit Punkten in 1 cm Abstand, zieht mit Hilfe eines Lineals Linien mit einem ausgeschriebenen Kugelschreiber, zerschneidet den Bogen längs zu den gewünschten Sternstreifen und knickt die markierten Linien zu exakten Falten. Damit auch die Muster genau werden: mit Bleistiftpunkten auf den zusammengepreßten Falten markieren.

Stern-Gehänge

Ein Stück Goldpapier dreimal falten und einen Stern auszuschneiden haben wir schon in der Schule gelernt. Hier sind vier solcher Sterne, mit farbigem Seidenpapier unterlegt, auf vom Glaser zugeschnittene Glasscheiben angeordnet (nicht geklebt). Damit sie haften, sind sie mit Klarsichtfolie überzogen. Aufhänger ankleben oder vom Glaser Löcher bohren lassen. Die Scheiben mit Zwirns- oder Nylonfäden oder Perlonschnur verbinden. Anstelle der Glasscheiben kann man auch Acrylscheiben nehmen, in welche man die Aufhängelöcher selbst bohren kann.

Fröbel-Sterne

Friedrich Fröbel (1782–1852), der Vater des Kindergartens, hat diese Flechtsterne zwar nicht erfunden, aber da vor allem die Kindergärtnerinnen, nach seiner Pädagogik ausgebildet, die Kunst erhalten haben, diese Sterne nachzuarbeiten und bis auf den heutigen Tag weitergeben, werden sie nach ihm benannt. Es ist gar nicht so schwer, wie es auf den ersten Blick scheinen mag. Nach dem dritten Stern schafft man sechs bis acht in einer Stunde.

Wie der Stern gefaltet und die einzelnen Streifen immer wieder durchgezogen werden, demonstrieren besser als Worte die Zeichnungen.

Man braucht dazu weißes Schreibmaschinenpapier oder Ramieband und Nähgarn. Zuerst werden Streifen abgemessen und zugeschnitten, je vier für einen Stern. Entweder 1 cm breit und 30 cm lang – oder 2 cm breit und 60 cm lang. Dann kann das Durchziehen beginnen. Ist der Stern fertig, wird ein dünner Faden durch eine Sternzacke gezogen und als Aufhänger verknotet.

Viele, viele Sterne als einzigen Schmuck im Weihnachtsbaum, dazu weiße Kerzen – das sieht hinreißend aus. Kinder allerdings lieben bunte Bäume, möglichst mit Eßbarem darin; es ist also mehr ein stilvoller „Erwachsenenbaum“. Auch rote oder blaue Sterne sind hübsch. Die „klassischen“ aber sind weiß.

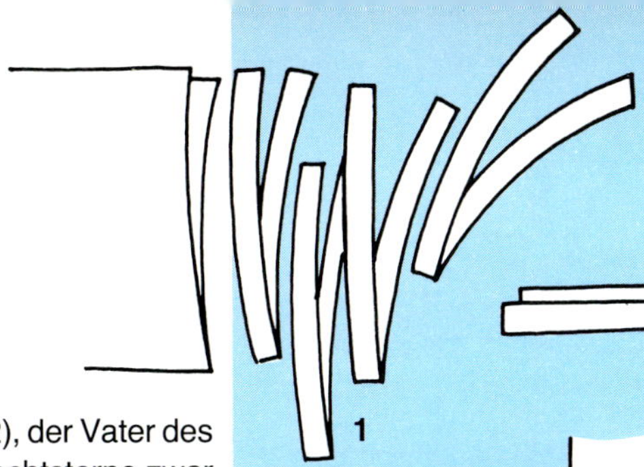
1

2

3

4

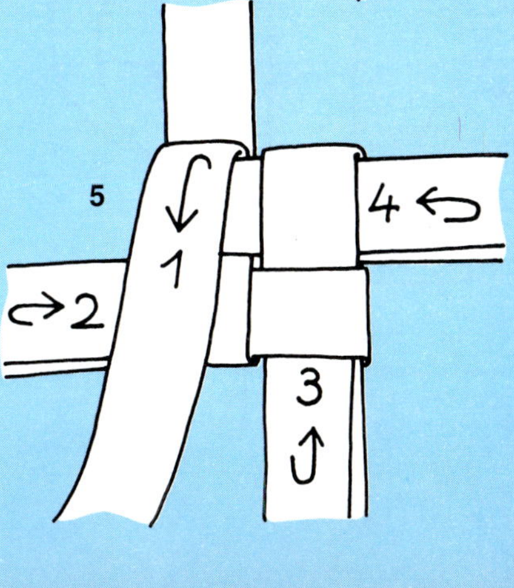

5

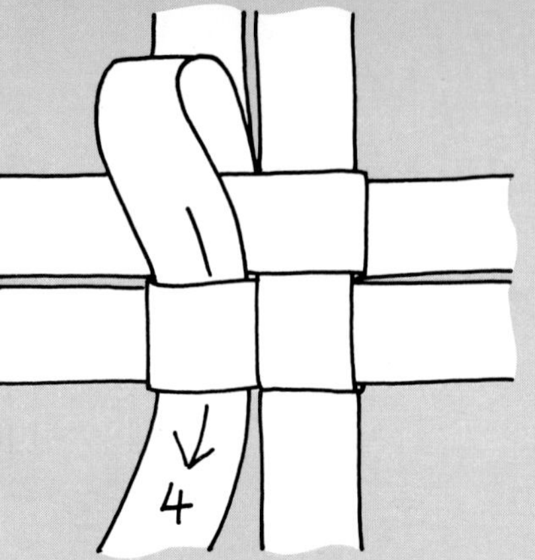

6

7

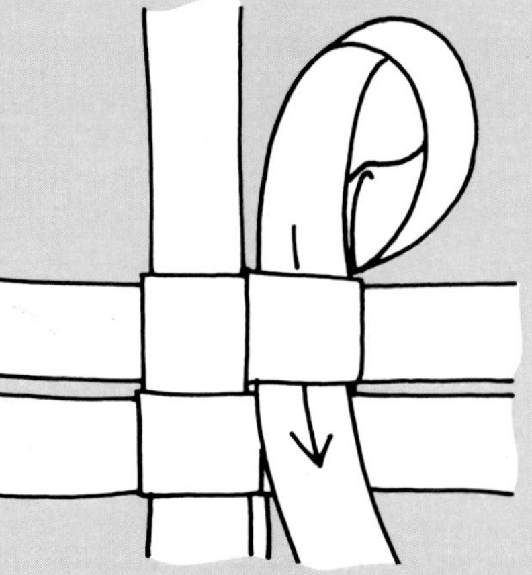

8

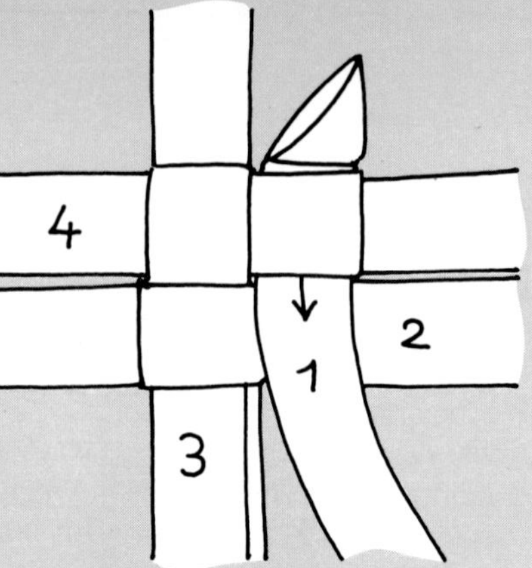

9

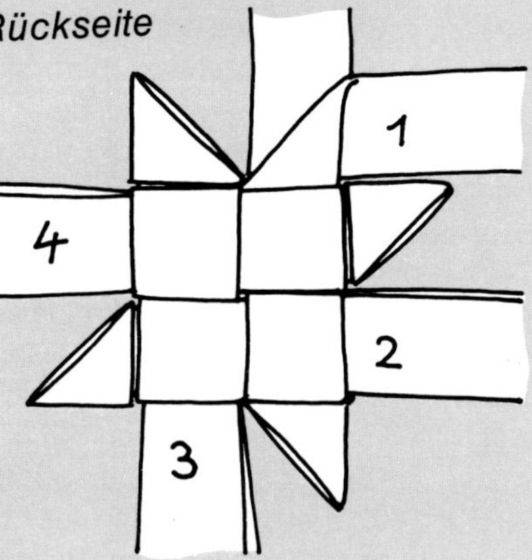

10

11

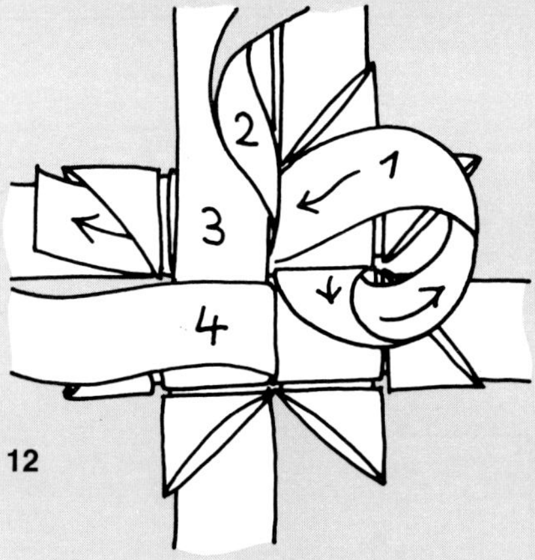

12

15

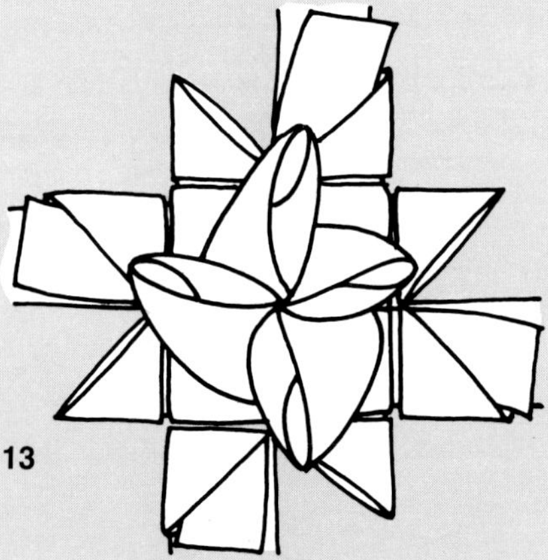

13

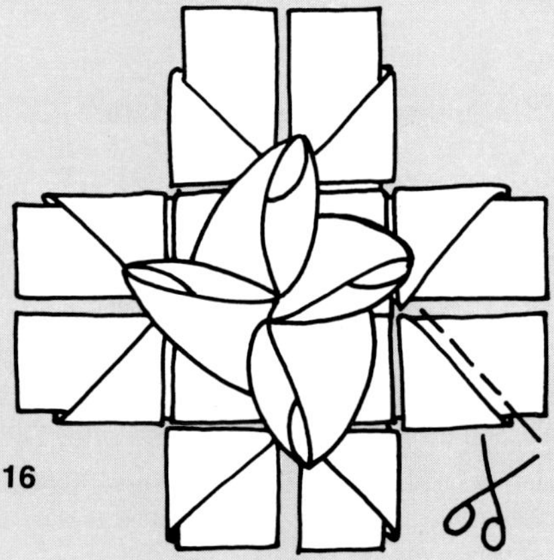

16

Rückseite

14

17

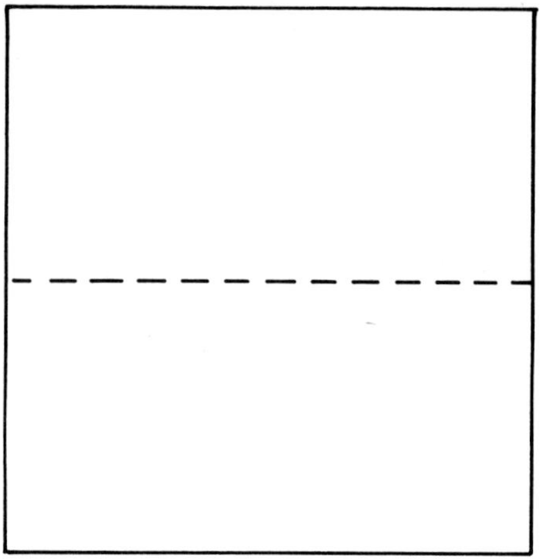

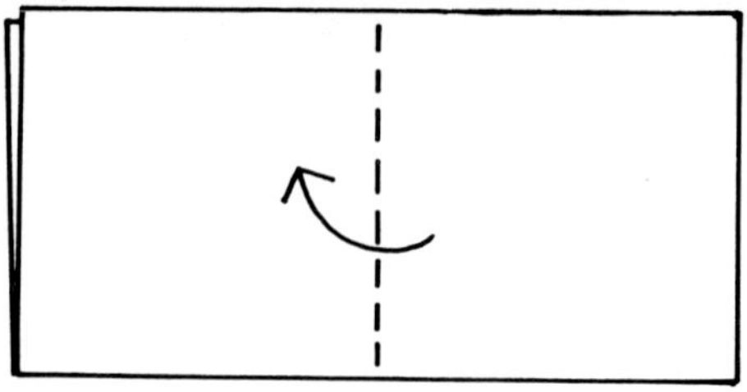

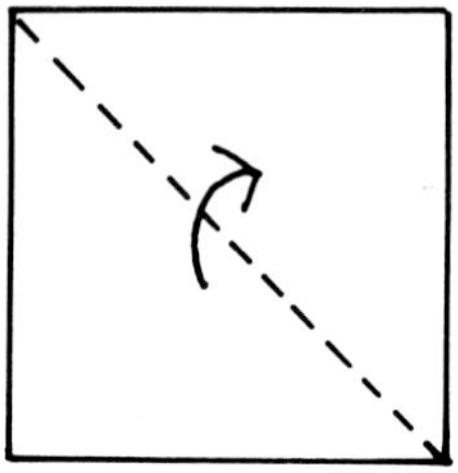

Klipp-klapp-Sterne für Fenster*

„Klipp“ steht hier für schneiden, „klapp“ für umklappen, umbiegen. An Material brauchen wir: Gold- und Silberpapier mit roter oder blauer Rückseite, Metallfolie silber-rot, Garn zum Aufhängen und ein Blatt Papier. Die Zeichnung zeigt, wie es gemacht wird. Die kleinen Sterne aus Gold- oder Silberpapier werden dreimal gefaltet, eingeschnitten, aufgeklappt. Nun werden die Einschnitte umgebogen.
Die beiden großen Sterne sind aus Metallfolie gearbeitet. Das Material läßt sich nicht falten. Darum einen Stern aus Papier anfertigen, auf die Folie legen, Umriß und Einschnitte durch Punkte markieren. Punkte mit Linien verbinden. Mit einem scharfen Messer oder Schere einschneiden und Teile umbiegen. Damit wir die Arbeitsplatte nicht ruinieren, starke Pappe oder ein Holzbrett unterlegen.
Wie unterschiedlich die Sterne durch variierte Einschnitte werden, zeigt das Foto. Am Fenster wirken diese Sterne besonders gut, weil die Durchbrüche hübsche Ornamente ergeben.

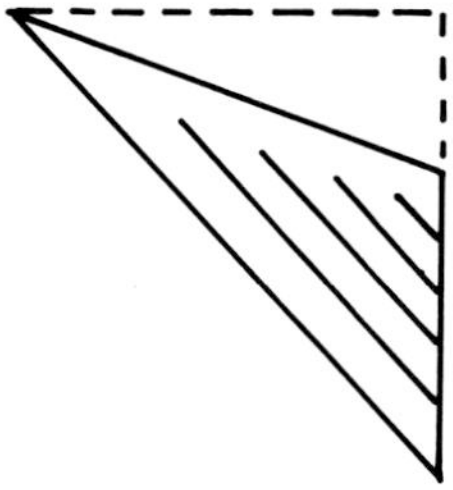

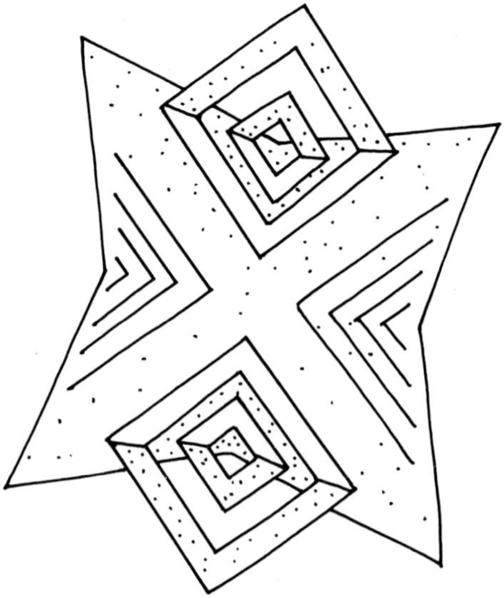

Stern-Mobile*

Alle Sterne, die unsere Stuben in der Weihnachtszeit schmücken, sollen an den Stern von Bethlehem erinnern, der den drei Weisen aus dem Morgenland den Weg zur Krippe wies.
Hier ein Stern-Mobile aus zwei Bogen Metallfolie (gold-silber), das viele Blicke auf sich ziehen wird.
Zuerst einen großen Stern aus dünnem Papier zuschneiden und alle Linien bemessen. Dieses Muster auf einen Bogen Metallfolie legen und Linien durch Punkte markieren. Muster abnehmen. Linien mit einem ausgeschriebenen Kugelschreiber nachziehen. Stern ausschneiden. Linien einschneiden. Mitte ausschneiden. Einen zweiten gleichen Stern fabrizieren. Löcher in einige Zacken bohren. Die beiden Sterne an der Mittelachse aufeinanderkleben. Zacken zu einer plastischen Sternform auseinanderbiegen. Aus dem Rest der Folie kleine Sterne schneiden. Jeweils zwei ineinanderstecken. Mit dünnen, unterschiedlich langen Fäden an dem großen Stern befestigen. Aufhängen, wo ein Lufthauch alles in Bewegung hält.

Moderne Metallfolien-Sterne

Ein wenig „cool" wirken sie, diese beiden blau-roten Sterne. Sie sind für junge Leute gedacht, die nicht nostalgieliebend sind. Doch Advent muß das Weihnachtsfest nicht nur mit grünem Kranz und roten Kerzen ankündigen, auch glänzende Sterne bringen festlichen Glanz in die Wohnung. Der linke Stern entsteht aus sechs verschieden großen Vierecken aus Blau-Silber-Metallfolie, in der Mitte durch eine rote Perle gehalten. Der rechte Stern entsteht aus sechs verschieden großen Metallfolienkreisen. Die von der Mitte aufgeschnittenen Zacken werden nach außen gebogen. Alle Zackenkreise werden zuletzt auf eine rote Sternplatte geklebt.

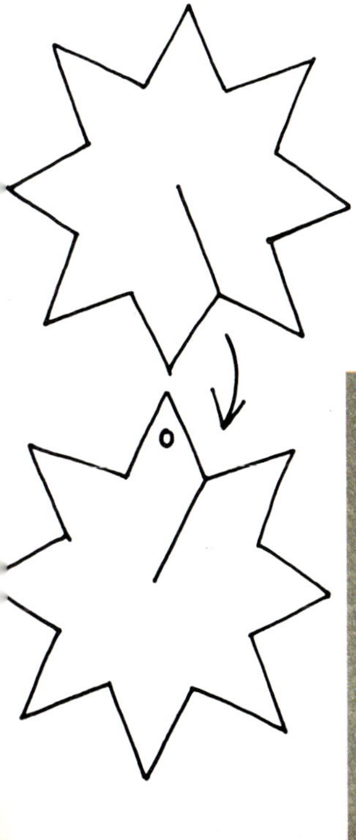

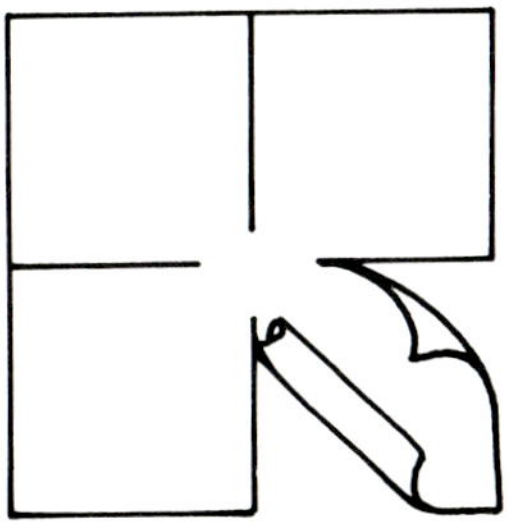

Häkel-Sterne

Wer gerne häkelt, wer lieber die Häkelnadel als Bleistift und Schere in die Hand nimmt, wird sich über diese bezaubernden Sterne freuen, sie schnellstens aus Lurex-Garn nacharbeiten – geübte Handarbeitsfans schaffen mehrere an einem Abend – und noch viele selbst entwickeln.

Ist ein Stern fertig, wird er mit Stecknadeln auf eine Styroporplatte gespannt (oder auf starken Karton oder eine Holzplatte) und mittels eines Pinsels mit Wasserglas (aus der Apotheke) bestrichen. Nach etwa zwei Stunden wird er abgenommen und von der Rückseite bestrichen. Nach dem Trocknen wird er an einem zarten Faden ans Fenster gehängt.

1. Stern 1. R.: 4 Lm zu einem Kreis schließen, 2. R.: 9 Lm, 1 fM in die 6. Lm, 2 Lm, 2 DStb in eins zusammenziehen, 5 Lm, 1 fM in die 2. Lm, 2 Lm, 1 DStb, 2 Lm – usw., mit 1 fM abschließen, 3. R.: 1 fM, 3 Lm, 1 DStb, 3 Lm, 1 fM, 3 Lm, – usw., 4. R.: 5 Lm, 5 DStb, 1 Lm, 5 DStb, 1 Lm – usw., 5. R.: 5 Lm, 4 DStb in eins zusammenziehen, 6. R.: 6 Lm, 1 fM, in die 3. Lm, 2 Lm, 1 fM, 6 Lm – usw.

2. Stern 1. R.: 6 Lm zu einem Kreis schließen, 2. R.: 2 Lm, 14 fM, 3. R.: 3 Lm, 1 Stb, 1 Lm, 1 Stb – usw., 4. R.: 6 Lm, 1 DStb, 3 Lm, 1 DStb – usw., 5. R.: 2 Lm, 3 fM in jeden Bogen, 1 fM auf das DStb – usw., 6. R.: 1 Lm, 1 fM, 2 Stb, 2 DStb, 2 3fache Stb, 4 Lm, 3 3fache Stb, 2 DStb, 2 Stb, 1 fM – ergibt eine der fünf Sternzacken.

3. Stern 1. R.: 6 Lm zu einem Kreis schließen, 2. R.: 6 Lm, 1 fM = 8 Bogen häkeln, 3. R.: 6 Lm, 1 fM = 8 Bogen h., 4. R.: 6 Lm, 1 fM = 8 Bogen h., 5. R.: 4 Lm, 1 Stb, 1 Lm, 1 Stb, 1 Lm – usw. 4x in einen Bogen, 1x in Bogenende, 6. R.: 1 Lm, 1 fM, 1 Lm, 1 fM, 5 Lm, 1 fM in die 3. Lm – das ergibt ein „Mäusezähnchen“, 2 Lm, 1 fM, 1 Lm, 1 fM usw., 7. R.: 3 Lm, 1 fM, 6 Lm, 1 DStb, 6 Lm, 1 fM, 1 Lm, 1 fM, 1 Lm, 1 fM, 6 Lm, 1 DStb – usw., 8. R.: 8 Lm, 1 fM – usw.

4. Stern 1. R.: 6 Lm zu einem Kreis schließen, 2. R.: 4 Lm, 1 DStb, 1 Lm, 1 DStb, insgesamt 16x, 3. R.: 4 Lm, 1 fM in die 1. Lm – das ergibt ein „Mäusezähnchen“, davon insgesamt 16, 4. R.: 3 Lm, 1 fM usw. 5. R.: 1 Lm, 1 Stb, 1 DStb, 3 Lm, 1 fM in die 1. Lm, 1 DStb, 1 Stb, 1 fM – das ergibt eine Zacke, nun 8 Lm, 1 fM in die 5. Lm, 6 Lm, 1 fM – das ergibt eine zweite Zacke – usw.

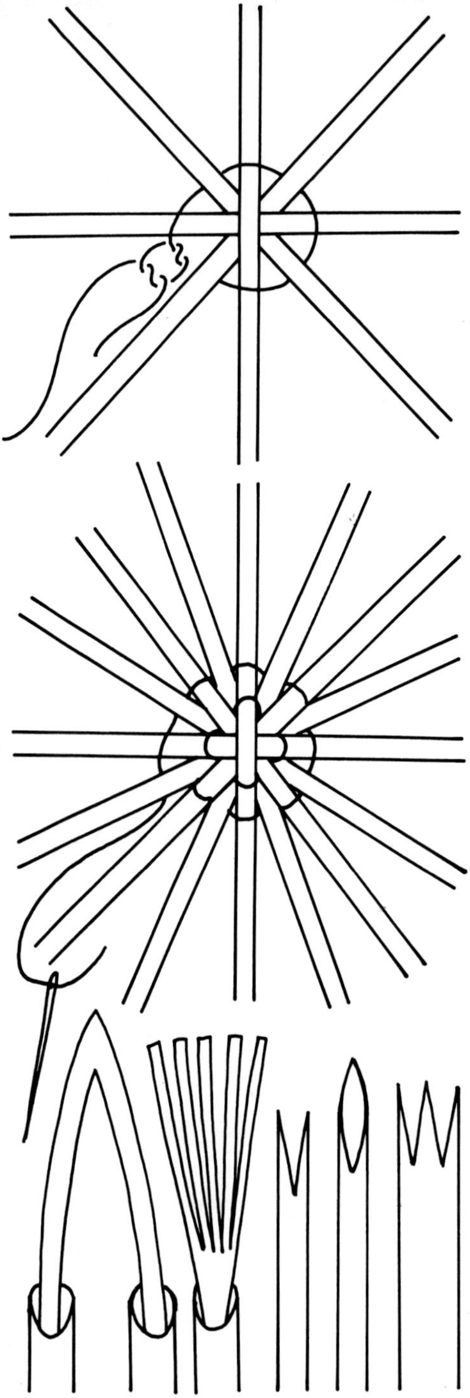

Stroh-Sterne

Sie sind immer wieder die Stars weihnachtlicher Basteleien. Seit Hunderten von Jahren erfreuen sie mit ihren vielfältigen Formen. Ist es die Liebe zum Naturmaterial, ist es das billige Stroh, das man früher ja nur auf der Tenne aufzusammeln brauchte? Natürlich könnten wir es uns leisten, uns Strohsterne zu kaufen – im nächsten Laden oder Weihnachtsbasar, doch serienmäßig hergestellten, gekauften Dingen fehlt die „Seele“. Auch die kunstvollsten Strohsterne sind davon nicht ausgenommen. Also basteln wir sie mit Liebe und Hingabe selbst. Wir brauchen dazu ein Bund Trinkstrohhalme und Stickgarn. Die Strohhalme werden ca. eine Stunde in warmes Wasser gelegt. Mit einem Teller beschweren, damit sie nicht oben schwimmen. Dann mit einem nicht zu heißen Bügeleisen auf einem alten Tuch flachplätten. Ein heißes Eisen bräunt das Stroh zu köstlichen Schattierungen. Für zarte Sterne werden die Halme vor dem Bügeln mit einem scharfen Messer oder einer Rasierklinge gespalten. Zu Hobbykursen oder Bastelstunden nehmen wir das geweichte Stroh in ein feuchtes Tuch eingeschlagen mit. Trockenes Stroh ist spröde und bricht.

Beim ersten Versuch legen wir vier Halme kreuzweise übereinander, umschlingen einen Faden, den wir verknoten. Dann legen wir weitere Halme auf, verbinden wieder mit dem Faden, ziehen den Faden an und verknoten. Erfahrene Strohstern-Bastler legen gleich acht Halme übereinander. Die Halmenden werden zum Schluß zu einer Sternform beschnitten, alle gleich lang, oder einmal lang, einmal kurz oder … Es gibt unendlich viele Variationen – auch durch verschiedenartiges Zuschneiden der Strahlen oder Einstecken neuer Hälmchen.

Fenstersterne aus Span

Sie sind aus Kunststoff-Span gearbeitet, den es in Rollen in verschiedenen Breiten und Farben in Hobbyfachgeschäften gibt. Er ist problemloser als Holzspan zu verwenden, braucht nicht eingeweicht zu werden, bricht nicht und ist genau so schön in der Wirkung.
Die großen Sterne, wie auch die zarten Gebilde auf den nächsten Seiten entstehen aus Grundformen, deren Maße immer wieder gelten. Der obere Stern ist zusätzlich durch Rundstäbe stabilisiert. Geklebt wird mit GREENIT (ausnahmsweise nenne ich hier ein Fabrikat, weil es das geeignetste ist).
Die Maße: 1 x 7 cm, 1 x 10 cm, 1 x 14 cm, 1 x 18 cm, 1 x 22 cm – aus 1,5 cm breitem Span.
Die Tütensterne werden aus 2 cm breitem Span geformt.

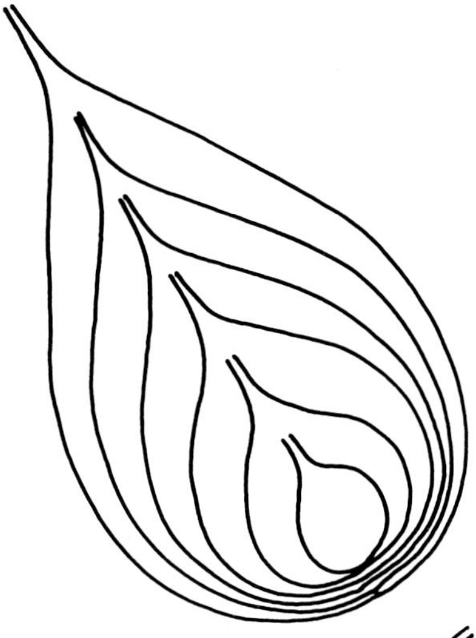

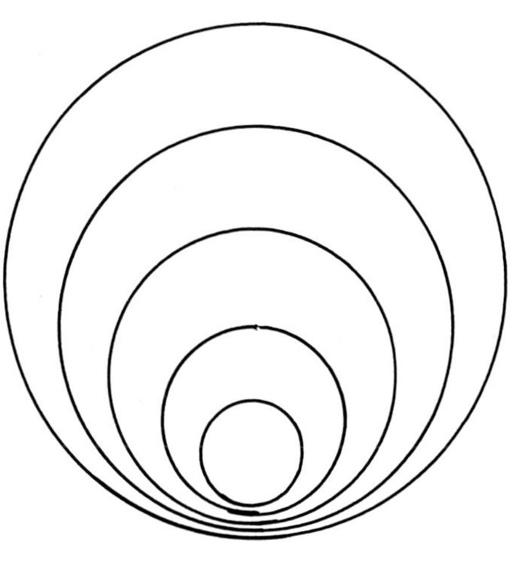

Allgemeines: Es empfiehlt sich, jeweils alle Teile für einen Stern auf einmal zuzuschneiden und sie, nach Längen geordnet und gut voneinander getrennt, griffbereit zu sortieren. Teile, die am häufigsten benötigt werden, wie z. B. viele kleine Kreise, werden zuerst vorgenommen. Alle Längen sind so berechnet, daß die Klebestellen 0,5 cm übereinanderliegen. Beide Klebeflächen werden jeweils dünn bestrichen. Zum Antrocknen werden die Spanstücke aufgestellt. Nach ein paar Minuten (siehe Anleitung Klebetube) fest zusammendrücken und mit einer Wäsche- oder Büroklammer eine Weile pressen. Das gleiche gilt, wenn vorbereitete Teile zu einem Stern zusammengefügt werden sollen.

Phantasievolle Gebilde aus Span

Unendlich sind die Möglichkeiten, aus den umseitig gezeigten Grundformen zarten Schmuck für Tannenzweige oder den Christbaum zu basteln. Hier etliche Spielarten zum Nacharbeiten oder als Anregung zu eigenen Schöpfungen. Ein Tip: Nicht sofort kleben, sondern erst einmal zusammenlegen, ändern, probieren, experimentieren, neue Kombinationen suchen. Aufgehängt werden fertige Kreationen an Nähseidenfäden.

Plastische Span-Gehänge

Sie sind das Ergebnis reiner Experimentierfreude. Zwar sind sie ein wenig tüftelig – also nichts für Ungeduldige – aber originell in ihrer Einmaligkeit. Sie sollen in Versuchung führen, Eigenes zu entwickeln.

Span-Engel

Ein allerliebster Engelschwarm umgibt ein Span-Christkind sehr wirkungsvoll vor dunklem Tannengrün. Vielleicht sind diese streng stilisierten Formen nicht jedermanns Sache – manche mögen's nur lieblich. Leicht nachzuarbeiten sind sie, wie aus der Zeichnung ersichtlich. Als Geschenkanhänger oder Mitbringsel bestimmt freudig begrüßt.

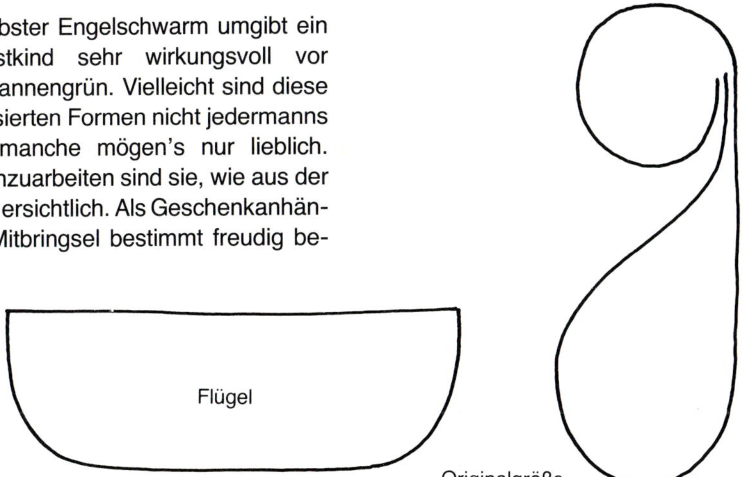

Originalgröße

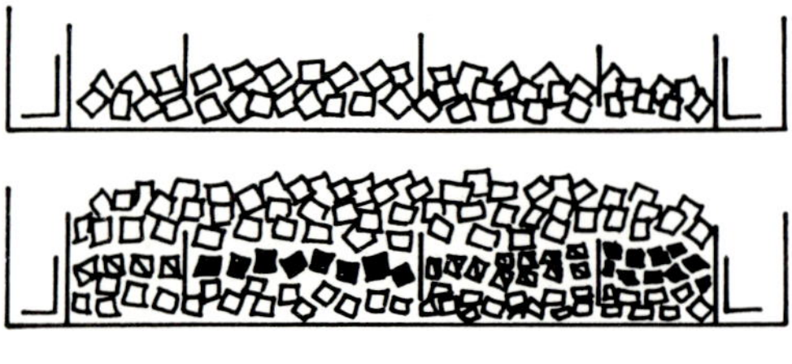

Engel aus Schmelzgranulat*

Für die äußere Form 2 cm breite Streifen aus Metallfolie schneiden. Streifen nach dem Entwurf formen. Rundungen forme ich nie mit der Hand, sondern biege sie um irgend etwas Rundes. Streifen verbinden wie auf Seite 6 gezeigt und mit Klebestreifen (außen) auf einem Backblech befestigen. Die Form mit farblosem Granulat etwa einen halben Zentimeter hoch füllen. 1 cm breite Stege aus Metallfolie schneiden, nach Muster auflegen und leicht andrücken. Die Felder mit farbigem Granulat füllen. Zuletzt über das Ganze farbloses Granulat vorsichtig streuen, etwa einen halben Zentimeter hoch. Das hat den Vorteil, daß sich nichts verschiebt, Körnchen nicht über den Rand der Stege schmelzen und die Stege völlig überdeckt sind.

Ein Engel an der Wand

Aus zwei Vierkantleisten, 12 und 26 cm lang, 2 x 4 cm stark, mit 3 Nägeln, je 3,5 cm lang, ein Gerüst zusammennageln. Ein Loch für den Kerzenhalter bohren. Kanten mit Sandpapier glätten. Zweimal mit Hobbyfarbe bestreichen. Bilderaufhänger auf der Rückseite befestigen. Zeichnung (siehe Bogen) auf Metallfolie (gold-silber) auf der Siberseite mit Klebestreifen anbringen. Linien mit einem stumpfen Nagel oder ausgeschriebenem Kugelschreiber durchdrükken. Form ausschneiden. Aus starker Pappe biegen. Goldseite nach außen. Ränder auf der Rückseite verkleben. Engel mit Glasmalfarben ausmalen. An das Gerüst kleben. Kerzenhalter einstecken.

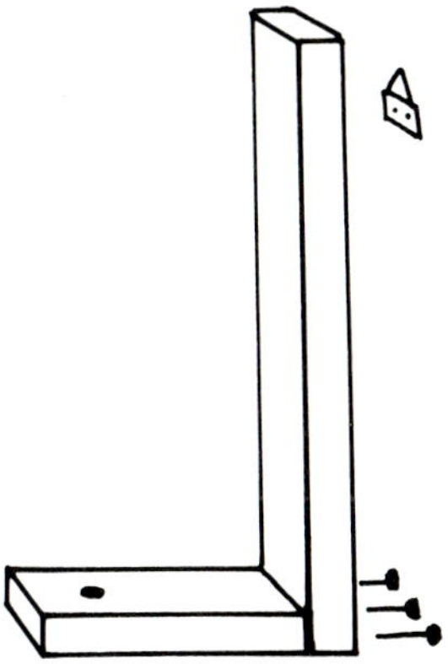

Ein Engel leuchtet von innen *

Nach alten Überlieferungen ist der Rauschgoldengel vor etwa dreihundert Jahren von einem Nürnberger Puppenmacher als engelsgleiches Abbild seines verstorbenen Töchterchens geschaffen. An diesen traurigen Anlaß denken wir nicht mehr, wenn wir uns an den lieblichen Gestalten erfreuen. Als „Rauschgold" wird übrigens dünnes Messingblech bezeichnet. Golden schimmert auch der hier gezeigte Engel, der mit dem traditionellen Rauschgoldengel nur entfernt verwandt ist. Dieser entsteht aus einem Bogen Metallfolie, gold-silber. Nach Bogenmodell beide Teile ausschneiden. Löcher von links eindrücken. Kopf umbiegen und in den „Mantel" kleben. Über ein brennendes Teelicht in Metallhülse stellen.

Besenstiel-Engel

Fast unmöglich ist es, der Legion von Engeln noch eine neue Version hinzuzufügen. Handfeste Engel aus einem Besenstiel sind, soviel ich weiß, noch nicht dagewesen. Eine Menge Engel, mit kürzeren oder längeren Körpern, lassen sich im Schrägschnitt aus einem Besenstiel sägen. Köpfe aus Holzperlen und stilisierte Flügel aus Bastelhölzchen werden aufgeklebt oder mit kleinen Nägeln oder Schrauben befestigt. Anmalen ist Geschmacksache – unbemalt sind sie uriger, meine ich.

Ein Engel aus Sperrholz*

Dieser Engel ziert die Titelseite dieses Buches. Jeder, der mit einer Laubsäge umzugehen weiß, kann ihn leicht nacharbeiten. Wir brauchen dazu: ein Stück Sperrholz, 3 mm stark, 24 x 18 cm groß, eine Gardinenkugel oder Holzkugel, eine Holzperle, Klebstoff, Deckfarben, Goldfarbe und farblosen Lack, zwei dünne Nägel und Kerzen.

Die Zeichnung zeigt, wie der Engel entsteht und das Foto, wie er aussehen kann – nicht muß (anders bemalt wird er vielleicht noch hübscher). Er wird aus zwei gleichen Teilen durch eingesägte Schlitze zusammengeschoben. Erst probieren, dann noch einmal auseinandernehmen, in die Schlitze etwas Klebstoff geben und erneut zusammenstecken. Mit Sandpapier alle Kanten glätten. Den Hals eventuell etwas verschmälern, so daß die Holzkugel, mit der größeren Öffnung nach unten, mit Klebstoff bestrichen aufgesetzt werden kann. Auf die obere Öffnung der Kugel die Holzperle kleben. Die Lichtteller in die Armeinschnitte kleben. In die Teller vorher ein Loch bohren, um die Kerzen mit einem von unten eingesteckten Nagel zu halten. Den ganzen Engel weiß grundieren und nach dem Trocknen bemalen. Farbloser Lack, überstrichen oder übersprüht, schützt die Bemalung. Ein Engel für alle Jahre wieder ist entstanden.

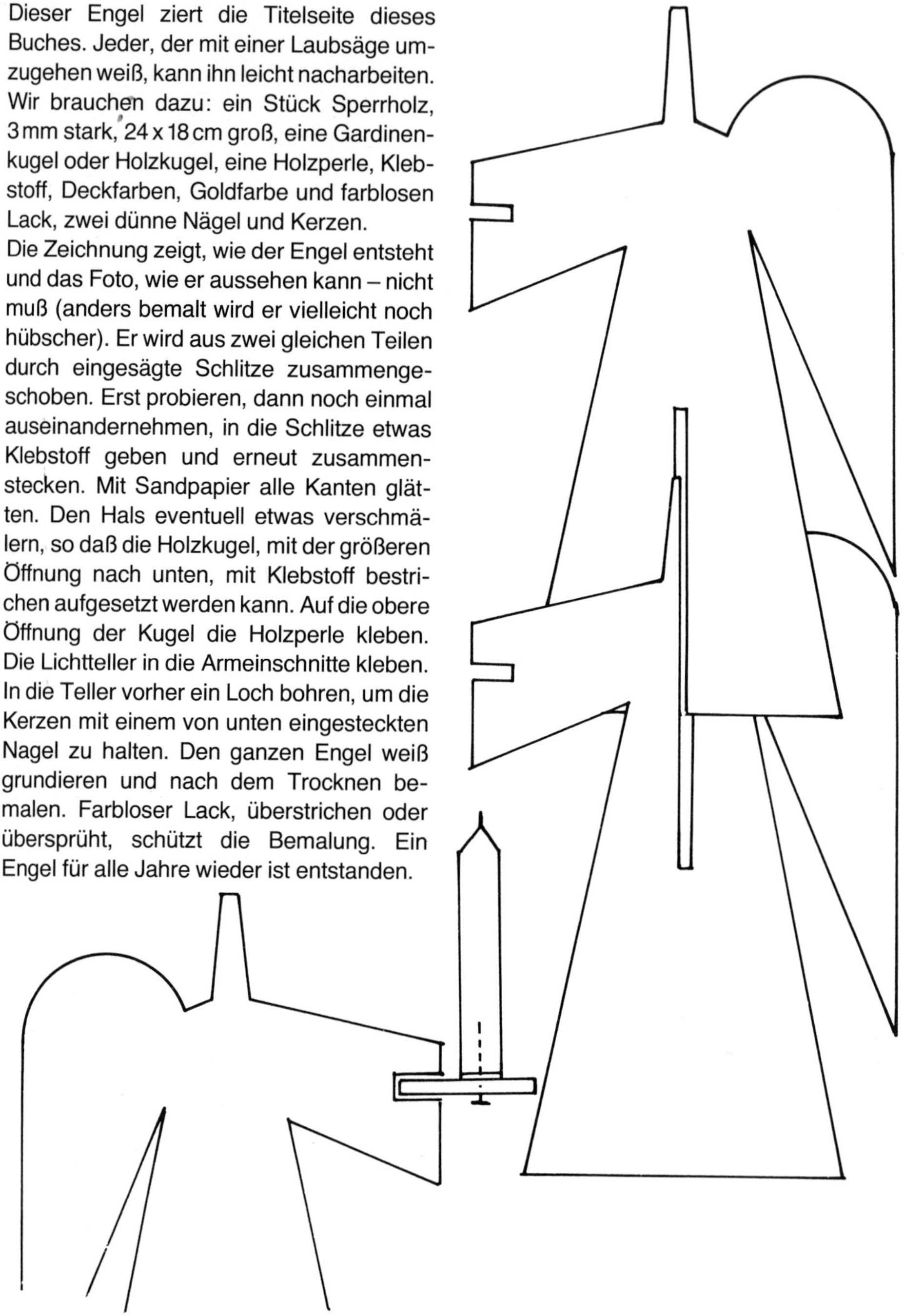

Engel-Leuchter

Wohl dem, der von einem Drechsler weiß, einen holzbearbeitenden Kunsthandwerker kennt oder gar einen Holzbastler im Familien- oder Bekanntenkreis hat. Die sechs Holzengel (Höhe 10 bis 12 cm) sind nämlich gedrechselt. Aber auch, wer nicht das Glück hat, diese unterschiedlichen Formen zu finden oder sich anfertigen lassen zu können, wird zur Weihnachtszeit in Hobbyfachgeschäften gedrechselte Rohlinge entdecken, die sich in Engel-Leuchter verwandeln lassen. Wichtig ist ein eingesägter Schlitz auf der Rückseite, in welchen später die Flügel gesteckt werden – doch der ist ja schnell gemacht. Vor der Bemalung die Figuren weiß grundieren, um die Leuchtkraft der Farben zu steigern. Sind die Farben gründlich durchgetrocknet, mit einem Schutzlack überziehen, denn diese Engel sind kleine Kostbarkeiten, die uns viele Adventzeiten Augenweide sein sollen und als liebgewordene Dekoration eines Tages an die nächste Generation weitergegeben werden. Die Flügel aus Goldfolie schneiden und ein wenig verzieren. In den Schlitz stecken und gerade biegen. Verwahrt werden sie später in einem Briefumschlag und mit den Engeln gut verpackt. Messinglichthalter, umgekehrt aufgeklebt (umgekehrt, weil der Dorn kleine Kerzen spaltet), schützen die Engel vor tropfendem Wachs oder herabbrennenden Kerzen.

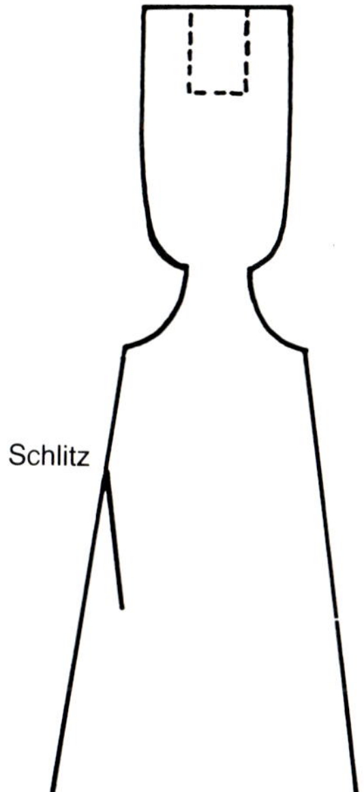
Schlitz

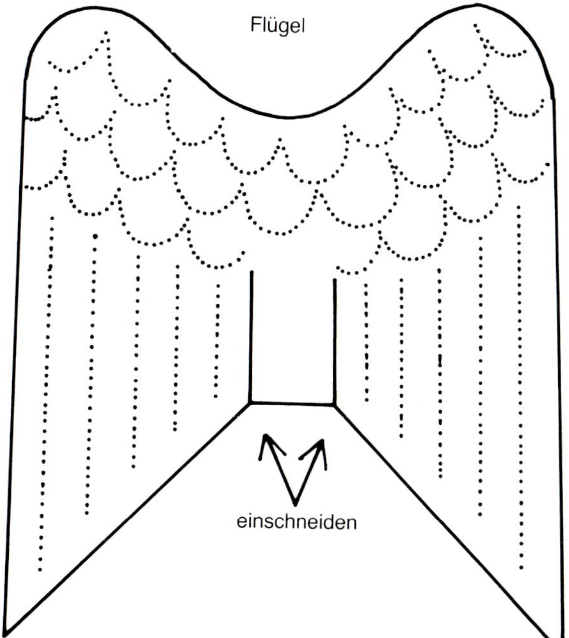
Flügel
einschneiden

Heilige Drei Könige als Lichtträger

Diese drei Königsleuchter hatte ich einmal in ähnlicher Form aus Metallfolie über Flaschen gebastelt. Sie waren sehr schön, aber leider durch den Sommerschlaf recht unansehnlich geworden. Weil ich auf Caspar, Melchior und Balthasar (den drei Weisen aus dem Morgenland) nicht verzichten wollte, habe ich sie mir von einem Tischler nach meiner Zeichnung drechseln lassen. Gewiß, das war nicht ganz billig, aber dafür sind sie auch dauerhaft. Nach der Grundierung habe ich sie mit Bauernmalfarben bemalt. Mit viel Geduld, manchmal angehaltenem Atem (damit die Linien gerade wurden) und großem Vergnügen. Wer da meint, so gut und phantasievoll bekäme er das nicht hin, bedenke, daß dazu ein bißchen Übung gehört, eine Liebe zum Detail, eine sichere Hand und, wie gesagt, viel Geduld. Schwierig nachzuarbeiten sind sie gewiß nicht, nur, wer gern hurtig in großen Flächen malt, für den wird dieses Feinwerk zur Qual – darum sollte er es gleich lassen. Außerdem, die eigenen müssen ja nicht so prunkvoll werden wie meine.
Damit herunterbrennende Kerzen oder herabtropfendes Wachs keinen Schaden anrichtet, Kerzenlöcher und Umgebung mit Alu-Folie schützen.

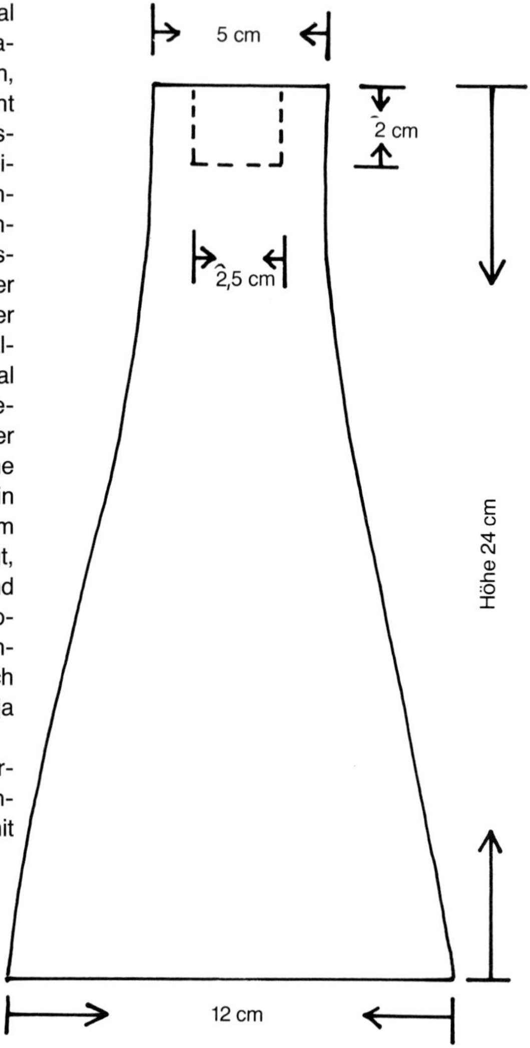

Was wäre die Advents- und Weihnachtszeit ohne Kerzenschimmer. Aber immer wieder muß gesagt werden, daß man brennende Kerzen nie sich selbst überlassen darf, nie einen Raum, in welchem Kerzen brennen, für längere Zeit verlassen soll. Ein Windstoß durch eine offene Fensterklappe, eine zugeschlagene Tür, eine flackernde Flamme in Gardinennähe und schon ist das Unglück passiert ... Auch sollte man stets darauf achten, daß Kerzen gut befestigt sind, auf Dornen, in Vertiefungen oder mit mehreren (mehreren!) Tropfen Wachs auf einem glatten Untergrund. Eine auf den Teppich fallende brennende Kerze erlischt nur vielleicht!

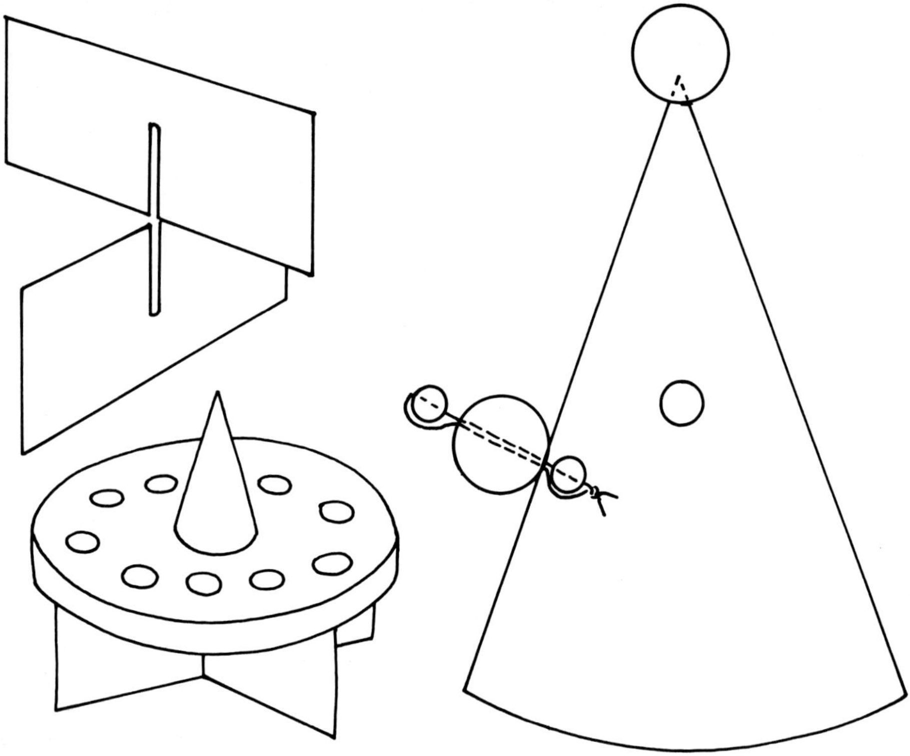

Räuchermännchen *

Eine erzgebirgische, schlesische oder sächsische Weihnacht war früher undenkbar ohne die holzgeschnitzten, gedrechselten, bunt bemalten „Räuchermännel". Da standen die würdigen Herren und pafften mit rührend ernsten Gesichtern aus kreisrunden Mündern riesige Rauchfahnen, die den ganzen Raum mit aromatischem Weihrauchduft erfüllten.
Hier ein Räuchermännchen, das zwar nicht so stabil ist wie sein Vorbild, aber nicht weniger amüsiert – weil selbstgemacht.
Zur Zeichnung: 2 Pappstücke ineinanderstecken – unter einen durchlöcherten Dosendeckel kleben. Durchlöchert, damit von unten Luft einziehen kann, um den Weihrauchkegel am Glimmen zu halten.

Das Kreissegment aus festem Zeichenkarton bemalen oder – wie hier – mit Filz bekleben. Als Mund ein rundes Loch schneiden. Aus Kabeldraht eine Pfeife biegen. Eine Holzperle als Pfeifenkopf aufkleben. Zwei Wattekugeln ergeben Fäustel. Sie werden mit durchgezogenen Fäden auf der Rückseite der Pappe verknotet. Ein Fäustel hält die Pfeife. Die Pappform zu einer Tüte kleben. Damit die Tütenspitze luftdicht abgeschlossen ist, eine Wattekugel aufkleben. Obere Öffnung der Kugel verstopfen. Die Spitze des Weihrauchkegels anzünden. Kräftig pusten, damit es weiterglimmt. Kegel in die Mitte des Dosendeckels stellen. Die Papptüte aufsetzen – und schon quillt eine Rauchfahne aus dem Mund.

Zwetschgenmännlein

Sie verdanken ihr Entstehen einem armen Schuhmacher, der einst in Nürnberg lebte. Die Leute rissen sie ihm schier aus der Hand und seitdem hatte seine Not ein Ende. Seitdem sind sie auch vom Nürnberger „Christkindlesmarkt“ nicht mehr wegzudenken, der seit über 300 Jahren kleine und große Besucher verzaubert. Inzwischen hat das „Zwetschgemännla“ oder „Pflaumentöffel“, wie er in Schlesien genannt wird, auch ein Weiblein bekommen. Beide stützt ein Gerippe aus Draht, auf den gedörrte Pflaumen und Feigen gespießt sind. Madame trägt einen Papprock, der mit Mandeln und Rosinen bestückt ist. Sein Zylinder ist aus Karton geschnitten und zusammengeklebt. Die Köpfe sind Walnüsse, Augen und Münder mit Deckfarben aufgemalt. Seine Leiter, die ihn als Schornsteinfeger ausweist, ist aus Pappe geschnitten.

Federapfel

Solche „Sterne“ aus einem vergoldeten Apfel und Gänsefedern sind ein fast vergessenes Weihnachtssymbol aus dem Aischtal in Franken. Sie hingen bis zum Ende des vorigen Jahrhunderts in jeder Bauernstube im Herrgottswinkel von der Balkendecke herab, von jedem Luftzug bewegt. Ganz schnell und einfach zu arbeiten ist er, wenn wir irgendwo ein paar Federn erwischen. Der Apfel muß nicht einmal vergoldet sein, und weil ein Apfel bald schrumpft und unansehnlich wird, nehmen wir einen aus Styropor – der ist dauerhaft und der Symbolwert der gleiche.

Grüße für liebe Leute*

Weihnachtskarten in unserem Sinne gibt es erst seit etwa 140 Jahren. Doch schon früher sandten Fürsten erlesene Glückwünsche in Form von diamantenverzierten Elfenbeinplatten an Günstlinge. Ganz so kostbar wollen wir es nicht treiben – aber sind selbstverfertigte nicht wie ein kleines Geschenk, eine ganz persönliche Gabe? Hier ein paar Ideen für hübsche Klappkarten, erläutert in Stichworten, beginnend links unten:

1. Trinkstrohhalme in lauwarmes Wasser einweichen, aufschlitzen, glattbügeln. Kerzen zuschneiden, auf dunklen Karton kleben. Klebestreifen hinter ein Stück gebügeltes Stroh kleben, Flämmchen zuschneiden, aufkleben.

2. Stern mit Strahlen auf dünnes Papier zeichnen. Das Muster mit Klebestreifen auf die Rückseite blauer Metallfolie befestigen. Die Sternform mit spitzem Nagel oder Stopfnadel Loch für Loch durchstanzen. Viel Zeitungspapier als Unterlage benutzen.

3. Die stilisierte Krippe aus (wie oben vorbereitetem) Stroh ausschneiden und aufkleben.

4. Linoldruck für viele Grüße. Wer sich dieser Technik aus der Schulzeit entsinnt, sollte jedes Jahr ein neues Motiv wählen. Ein Tip: auf Vlieseline drucken, das garantiert klare Konturen. Die getrockneten Drucke beschneiden und aufkleben. Noch ein Tip: Geschenkpapiere per Hand bedrucken.

5. Stern mit Hilfe von Zirkel und Lineal entwickeln. Von der Mitte her aufschneiden. Zacken einmal von rechts und einmal von links nach außen biegen. Nach dem gleichen Prinzip einen kleineren Stern arbeiten. Jede zweite Zacke nach außen biegen. Sterne auf Karton kleben.

6. Goldfolienkrippe. Motiv auf Papier zeichnen. Auf Goldfolie mit Klebestreifen befestigen. Linien nachdrücken. Entwurf ablösen. Motiv noch weiter ausschmücken. Ausschneiden und aufkleben.

7. Schablonen-Engel zur Vervielfältigung: Engel auf Papier entwerfen. Muster unter starke Klarsichtfolie (Deckel von Pralinenschachtel oder Aktenhülle) legen, Linien nachdrücken, ausschneiden. Schablone auf Stoff legen. Mit kurzborstigem Stupfpinsel Stoffmalfarbe auftupfen. Idee: Eine Weihnachtsdecke für den Kaffeetisch mit viel Engeln schablonieren. Oder, wer Nadel und Faden nur ungern aus der Hand legt, Engel auf farbigen Grund sticken – weiß oder bunt. Ideen siehe nächste Seite.

8. Tannenbaum auf Gold: Tannenbaum aus Papier schneiden. „Kugeln“ ausschneiden. Auf grünen Karton legen, mit Stecknadeln befestigen. Mit Goldspray übersprühen. Schablone vorsichtig mit einer Pinzette abheben.

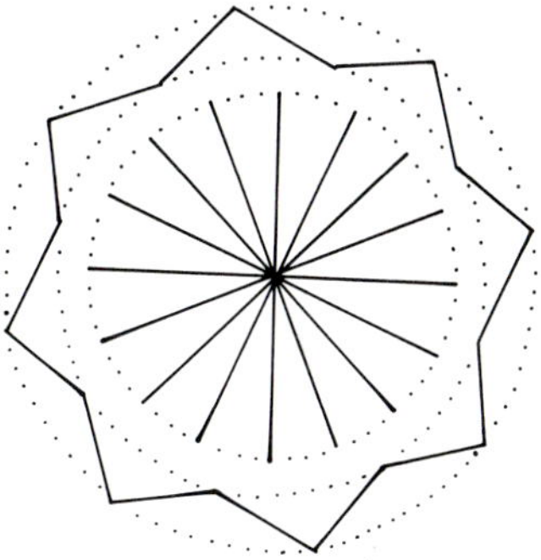

9. Faltkarte Weihnachtsmann: Aus rotem Tonpapier Form schneiden und falten. Gesicht mit Bart aufkleben. Augen, Nase und Mund aufkleben. Wer seine Grüße nicht gern auf Rot schreibt, legt weißes Papier ein.

Alle Motive auf dem Musterbogen.

Wohin mit den Weihnachtskarten?

Die meisten Weihnachtsgrüße sind so reizend, daß es schade ist, sie auf einen unbeachteten Stapel zu schichten. Eine dekorative Idee: Die Karten mittels Klebestreifen rund um einen Reifen befestigen. So einen Ring, aus Holz oder Metall, gibt es im Bastelladen. Der „Kranz“ wird, geschmückt mit einer dicken roten Schleife, Weihnachtskugeln und Tannengrün, an die Wand gehängt. Ein Bild räumt ihm über die Festtage seinen Platz ein.

Originell verpackt bringt doppelt Freude

Wieviel mehr Frohsinn bringt eine Gabe in einer festlichen Umhüllung. Wieviel Zuneigung kann ein lustig verpacktes Geschenk ausdrücken. Denn schon in der Verpackung offenbart sich der Sinn des Schenkens: Freude bereiten. Hier ein rundes Dutzend Vorschläge, wie ein schlichtes Päckchen originell verkleidet werden kann. Vielleicht mit feiner Anspielung auf Eigenschaften oder Neigungen des Empfängers. Doch Vorsicht, keine Andeutungen auf Schwächen. Wir wollen ja nicht verletzen. Nicht jeder Beschenkte hat den Humor, über einen auf ihn bezogenen Gag zu lachen – oder die anderen auf seine Kosten lachen zu lassen.

Es geht bei den Ideen auf diesen Seiten nicht darum, ein Geschenk zu verpacken, sondern eine gegebene Verpackung aufzuputzen. Ist es etwas Selbstgebasteltes, findet sich bestimmt ein Karton, der sich veredeln läßt:

z. B. eine runde Hülle – eine Pappscheibe unterklebt, ein Seidenband umwunden, und schon ist es ein Riesenzylinder;

z. B. ein länglicher Karton – vier Schokoladentaler angeklebt, ein Band unterklebt, nun ist es ein Wagen (ob etwas für das Auto darin ist?);

z. B. Vati liebt Schiffe? – ein Karton mit nautischem Inhalt wird zum Dampfer;

z. B. wer gern spielt – bekommt einen Würfel. Aufpassen beim Aufkleben der runden Punkte. Wo gehören wieviel hin?;

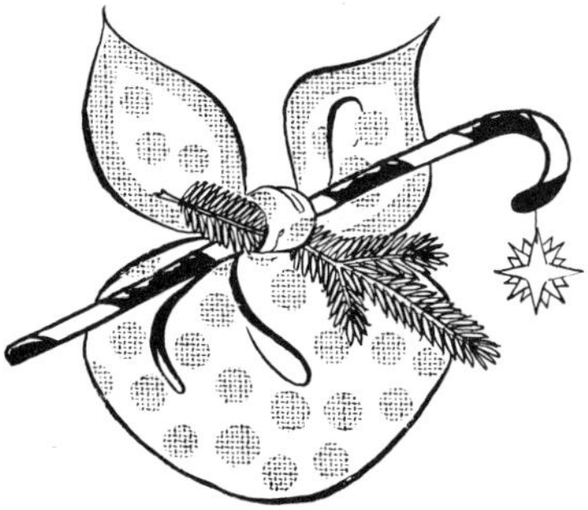

z. B. winzige Gaben – überbringt der Pflaumenmann. Vielleicht ist in einem Päckchen ein kostbarer Ring, im anderen ein klitzekleines Parfümfläschchen;

z. B. dem Wandersmann – ein rotgetupftes Bündel mit einem Wanderstab aus Zucker (vom Jahrmarkt) eingeknotet. Was darinnen ist? Mag sein ein Kompaß, kann sein ein Kilometerzähler;

z. B. dem Süßmäulchen – wird das Geschenk mit vielen eingewickelten Bonbons umklebt.

Auch die Litfaßsäule ist schnell entstanden: zwei runde Pappscheiben unter eine Kartonröhre geklebt und die Röhre mit Zeitungsanzeigen besetzt. Fertig.

Ein Buch in Geschenkpapier wird zum Weihnachtsschlitten: zwei Seitenteile angeklebt und ein Querstreifen. Darauf sitzt ein Schokoladen-Nikolaus.

Unter der Pudelmütze aus rotem Filz und Watte sollte sich mitnichten eine Pudelmütze verbergen. Des Pudels Kern wird nicht verraten.

z. B. wer hätte gern einen Hund? – ein Schuhkarton wird verzaubert, indem aus Stoffresten oder Filz Ohren, Füße und ein Schwanz angeklebt wird. Das Gesicht mit Filzstiften malen.

z. B. die Wolljule – gehalten durch zwei lange Nadeln, wird jede Strickerin entzükken. Für eine Häklerin werden nicht Stricknadeln, sondern Häkelnadeln eingesteckt;

Schleifen binden – keine Kunst

Es soll Leute geben, die keine anständige Schleife zustande bringen. Ihre Päckchen sind auf den ersten Blick erkennbar durch traurig herabhängende Schlingen, die trotz eifrigen Bemühens und aller Liebe nicht zu dekorativen Gebilden aufblühen wollen. Die Zeichnung läßt klar erkennen, wie einfach es doch ist, eine üppige Schleife hinzubekommen.

Eine festliche Weihnachtstorte

Obsttorten gibt es das ganze Jahr, aber so eine prächtige Turmtorte ist gewiß einmalig und genau richtig, wenn die ganze Familie anrückt. Drei Biskuitböden kann man in verschiedenen Größen selbst backen oder fertig kaufen. Jede wird zweimal durchgeschnitten, mit Aprikosenkonfitüre oder Nougat-Brotaufstrich gefüllt. Aufeinandergestellt, durch Aufstrichschichten verbunden, wird der Bau mit Zuckerguß dick bestrichen und mit Buchstabengebäck und Süßigkeiten reich verziert.

Glitzernder Türschmuck

Ein Schmuck auf der Diele oder an der Tür zum Weihnachtszimmer ist der stilisierte Tannenbaum aus glitzerndem Lametta. So wird er gebastelt: Einen großen Bogen grünen Plakatkarton auf der Rückseite in der Mitte dreimal einstechen. Blumen- oder anderen Draht durchziehen, die Enden umbiegen, mit Klebestreifen befestigen. Die Drähte auf der Vorderseite leicht biegen, an den äußeren Kanten wieder durch den Karton ziehen, Enden umbiegen und durch Klebestreifen halten. Dieses „Gerüst" mit viel Lametta dicht behängen. Dünne Kerzen mit Wachs ankleben. Silbersterne aufkleben.

Ein origineller Bunter Teller

Wem der übliche Teller, auf dem sich die Köstlichkeiten der Festtage ein Stelldichein geben, zu klein ist, nehme einen Torten- oder Bratenteller, schneide von viermal in der Mitte gefaltetem weißen Papier Schneemänner aus, die dann achtfach die Leckereien bewachen.
Für eine Schale wird ein Schneemann auf einen wie eine Ziehharmonika gefalteten Papierstreifen gezeichnet, ausgeschnitten und die Parade mit Klebestreifen um den Schüsselrand befestigt. Wem die Schneemänner mit schwarzgemalten Zylindern und roten Wurzelnasen zu aufwendig sind, schneidet Tannenbäume aus grünem Papier.

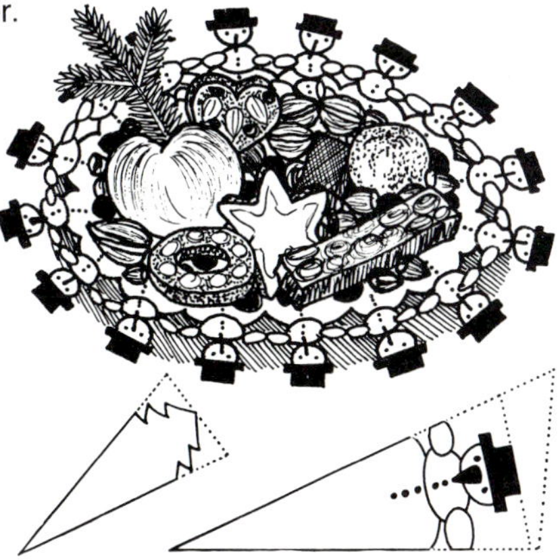

Eine schützende Decke um den Tannenbaumfuß

Gute Kerzen tropfen nicht. Manchmal tun sie es leider doch, und wie schwer ist es, die Tropfen wieder zu entfernen. Eine runde oder quadratische Decke, in der Mitte mit einem Loch versehen und einem Einschnitt, um den Baumfuß gelegt, verhindert Ärger. Die Decke sollte aus unifarbenem Wachstuch oder Kunststoff sein. Davon lassen sich Wachstropfen schnell abheben. Verziert wird die Decke mit aufgeklebten oder aufgemalten Sternen und Punkten.

Ein Talerbäumchen

Selbst Geldgeschenke lassen sich in eine ganz persönliche Gabe mit Herz verwandeln. Anstelle eines Scheines im üblichen Kuvert sind es Fünfmarkstücke, die zwischen Goldfolienquadraten geklebt zu „Sternen“ werden. Ein Tannenzweig, in einen dicken roten Apfel gesteckt, kann eine Menge solcher „Sterne“ aufnehmen. Eine Schleife um den Apfel und ein Goldstern an der Spitze vervollständigen das Angebinde.

Weihnachtsbaum für alle Jahre wieder

Unser lieber Tannenbaum, der eigentlich eine Fichte ist, wurde – das ist urkundlich belegt – erstmalig im Jahre 1539 in Straßburg aufgestellt. Er war also gar nicht „immer da“. Ebenfalls einige Jahrhunderte alt, in Heimatmuseen manchmal noch zu finden, in Skandinavien seit langem beliebt, ist ein Christbaum der nicht nadelt und jetzt wieder in Mode kommt. Er erwächst aus der Schreinerwerkstatt – aber auch ein Hobbytischler wird ihn bauen können.

An Material brauchen wir: 1 Rundholz, 2 cm Durchmesser, 60 cm lang (Besenstiel), 6,34 m Vierkantleisten, 2 x 4 cm stark, Holzleim, 12 Nägel oder Schrauben, 2 cm lang, grüne Holzbeize, farblosen Lack, Schmirgelpapier.

Die Vierkantleisten zersägen in: 2 x 17 cm, 3 x 28 cm, 3 x 38 cm, 3 x 48 cm, 3 x 58 cm, 2 x 26 cm, 2 x 11 cm Länge.

In alle Teile (außer in die beiden Stücke von 11 cm Länge) in die Mitte ein Loch bohren (oder vom Tischler bohren lassen) von 2,4 cm Durchmesser. Alle Teile glattschmirgeln.

Unter ein 26 cm langes Stück die beiden 11 cm langen Teile kleben.

Alle Hölzer mit grüner Holzbeize nach Vorschrift behandeln. Nach dem Trocknen mit farblosem Lack streichen oder besprühen.

Die einzelnen Leistenteile so auf dem Rundholz anbringen wie die Zeichnung zeigt. Die Abstände zwischen den Partien: von der Spitze bis zum ersten Holz 5,5 cm, dann je 4 x 4 cm und von der unteren Partie bis zum Fuß 7 cm. Jeweils die unterste Leiste einer Partie mit Nägeln oder Schrauben am Rundholz befestigen. Die anderen Leisten sollen beweglich sein. Beim Aufstellen werden sie so gedreht, daß ein „Baum“ entsteht. Kerzen werden so angebracht, daß sie gefahrlos abbrennen können.

Geschmückt sollte dieser Christbaum rustikal werden. Keinesfalls mit Lametta behängt. Stilfans werden ihn nicht einmal grün beizen, sondern das Holz naturbelassen und ihn nur mit Äpfeln, Gebäck, Strohsternen und Honigkerzen zieren.

Nach dem Fest wird er zusammengeschoben, staubsicher verhüllt und wenig Raum beanspruchend fortgestellt.

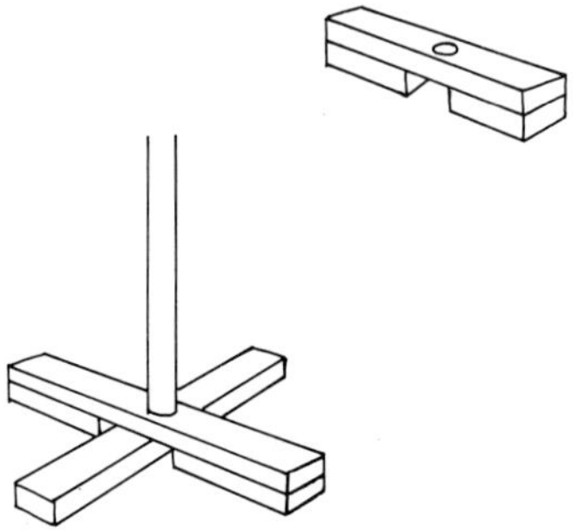

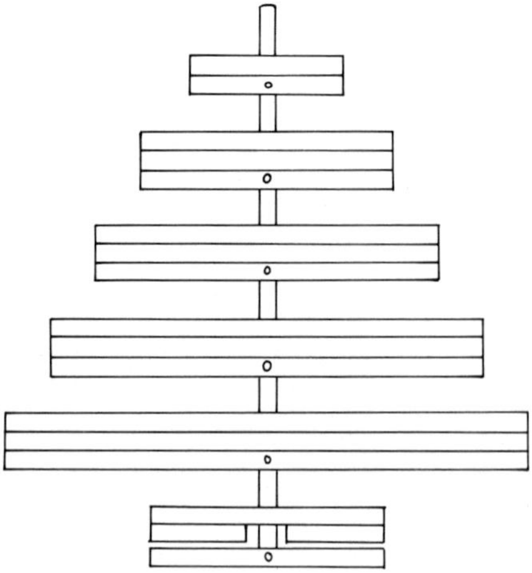

Triptychon aus Lampenschirmpapier *

Keine Geschichte ist so häufig und in so vielfältiger Form dargestellt wie das Weihnachtsgeschehen. Ein Triptychon ist nicht nur ein dreiteiliger Altaraufsatz, sondern so nennt man auch die bunten Transparente, die, vor eine Kerze gestellt, mit ihrer Farbenpracht leuchten. Das hier gezeigte ist aus Lampenschirmpapier. Die Kanten mit angeklebten Bastelhölzchen (es können auch schmale Leisten oder Pappstreifen sein) versteift. Der Entwurf (siehe Bogen) wird unterlegt, mit dickem Filzstift nachgezeichnet und mit farbigen Filzstiften ausgemalt. Wer es kostbarer haben möchte, läßt sich beim Glaser drei Glasscheiben zuschneiden, malt mit Konturenpaste die Linien und mit Glasmalfarbe die Flächen aus, umrahmt und verbindet die Scheiben mit Selbstklebeband.

Triptychon aus Metallfolie *

Der gleiche Entwurf wie für das transparente Triptychon, bei dem das Geschehen mit einfachen Linien in der knappsten Form dargestellt ist, dient der goldschimmernden Metallfolienarbeit. Hier sind nicht nur Linien und Punkte auf der Rückseite und Vorderseite eingedrückt, auch Flächen sind von der Rückseite plastisch ausgeformt. Durch die angeklebten Seitenteile ist es eigentlich kein Triptychon mehr, sondern ein Quintychon – ein Fünfteiler. Ein Teelicht wird vor die Krippe gestellt.

Eine Krippe aus Karton*

Die erste Weihnachtskrippe soll Franz von Assisi im Jahre 1223 im Wald von Greccio aufgebaut haben. In Deutschland wurde erstmals 1603 in der Michaeliskirche in München eine Krippe aufgestellt. Später fand sie ihren festen Platz in Privathäusern. Ihre Hochblüte lag im 18. und 19. Jahrhundert. Berühmt und in Museen zu bewundern sind die neapolitanischen, sizilianischen, bayerischen und Tiroler Krippen, herrliche Kunstwerke, zu denen manchmal Hunderte von Figuren gehören. Es gibt wohl auch kein Material, das noch nicht zur Gestaltung einer Weihnachtskrippe verwendet wurde. Hier eine Krippe aus Karton, Tapetenresten und Styroporkugeln. Sie ist sehr einfach – auch in einer Gruppe – nachzuvollziehen.

Zuerst der Stall: Die Maße des Stalles auf den Karton übertragen. Ausschneiden. Kniffkanten mit einem stumpfen Messer nachziehen. Steckeinschnitte mit einem scharfen Messer oder Schere einschneiden. Das Gebäude zusammenfalten: Seitenwände nach vorn biegen. Unterteile unter den Boden schieben. Seitenkanten nach vorn biegen. Seitendächer nach vorn biegen. Dach vorbiegen und Ecken in die Schlitze stecken. Der Rohbau steht. Nun das Ganze wieder auseinandernehmen. Alle Kniffe an der Außenseite mit Klebestreifen überziehen, damit die Pappe nicht bricht. Den Stall von innen und von außen mit Tapetenresten (oder farbigen Papieren) bekleben.

Die Figuren: Kreissegmente aus Pappe zu Kegeln formen. Zusammenkleben. Mit Tapetenresten (buntem Papier oder Filz) bekleben. Köpfe aus Styroporkugeln bemalen. Auf die Kegel kleben. Leere Klebebandrollen oder Flaschenverschlüsse mit Goldpapier umhüllen und als Kronen auf die Köpfe der drei Könige kleben. Pappringe als Hutkrempen für Josef und einen Hirten aufkleben. Kreppapier als Umhang für Maria und einen Hirten ankleben.

Ochs und Esel: Körperformen doppelt zuschneiden. In der Mitte knicken. Köpfe aus Korken ankleben. Ohren und Hörner mit Ohren aus Pappe schneiden und hinter die Köpfe kleben. Alles bemalen.

Das Christkind: Eine Schachtel bekleben. Kreppapier als Stroh aufkleben. Eine kleine Styroporkugel als Kopf bemalen. Auf das Stroh kleben. Eine Decke aus weißem Krepp überkleben.

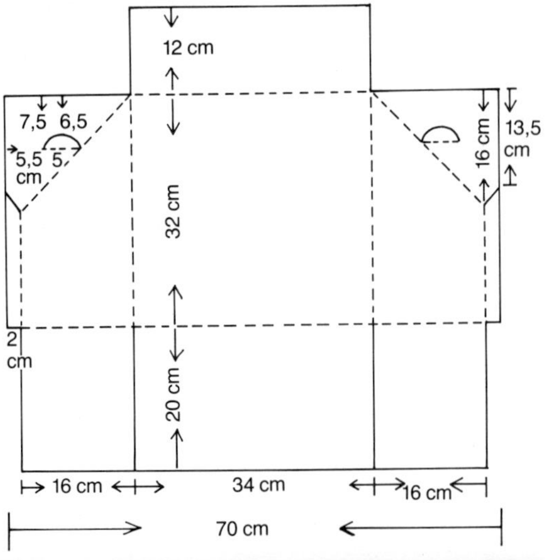

Diese Krippe aus Karton ist leicht zu basteln.

Eine modellierte Krippe

Modelliermassen, ob lufttrocknend oder im Backofen zu härten, gibt es so viele, daß die Wahl schwer wird. Von Ton gar nicht zu reden – der bedingt einen Brennofen. Welches Material auch immer – schaffen wir uns „unsere" Familienkrippe. Jeder formt ein Teil (oder mehrere), eine wunderschöne Beschäftigung an Adventswochenenden. Sicher wird Ihre Krippe ganz anders als die meine – die Ihnen nur Mut machen soll anzufangen. Hoffentlich wird sie anders – sie soll ja Ihren Vorstellungen entsprechen. Vielleicht basteln Sie den Stall aus echten Kieseln, die Sie mit einem Zweikomponentenkleber vermauern. Vielleicht nehmen Sie für das Dach Holzleisten und decken mit Trinkstrohhalmen. Vielleicht gestalten Sie das „Rundum" aus Moos, Ästen und Steinchen. Lassen Sie Herz und Phantasie spielen, dann wird es die schönste Krippe der Welt – allen Betrachtern zur steten Weihnachtsfreude.